The Fourth Symbiosis

제4차 공생

일러두기

- 이 책은 저자가 영문으로 집필한 초고를 직접 번역한 것이다. 따라서 이 책에 인용된 참고 도서의 경우, 저자가 직접 원서를 번역한 것이기 때문에 (국내 번역본이 있을 경우) 국내 출간 도서와는 제목의 번역에 차이가 있다.

- 출간된 도서는 『 』, 논문은 「 」, 잡지와 언론매체는 《 》, 개별 기사, 게임이나 영화 등은 〈 〉로 표기하였으며, 그 구분이 모호한 경우 저자의 판단에 따랐다.

- 이 책에 사용된 모든 사진은 위키피디아 커먼스(Wikipedia commons)를 통해 자유로운 사용 및 배포가 가능한 사진들을 사용하였다.

제4차 공생

초지능 시대의 인류

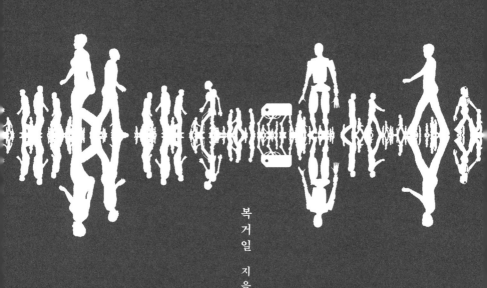

복
거
일

지
음

믐

차례

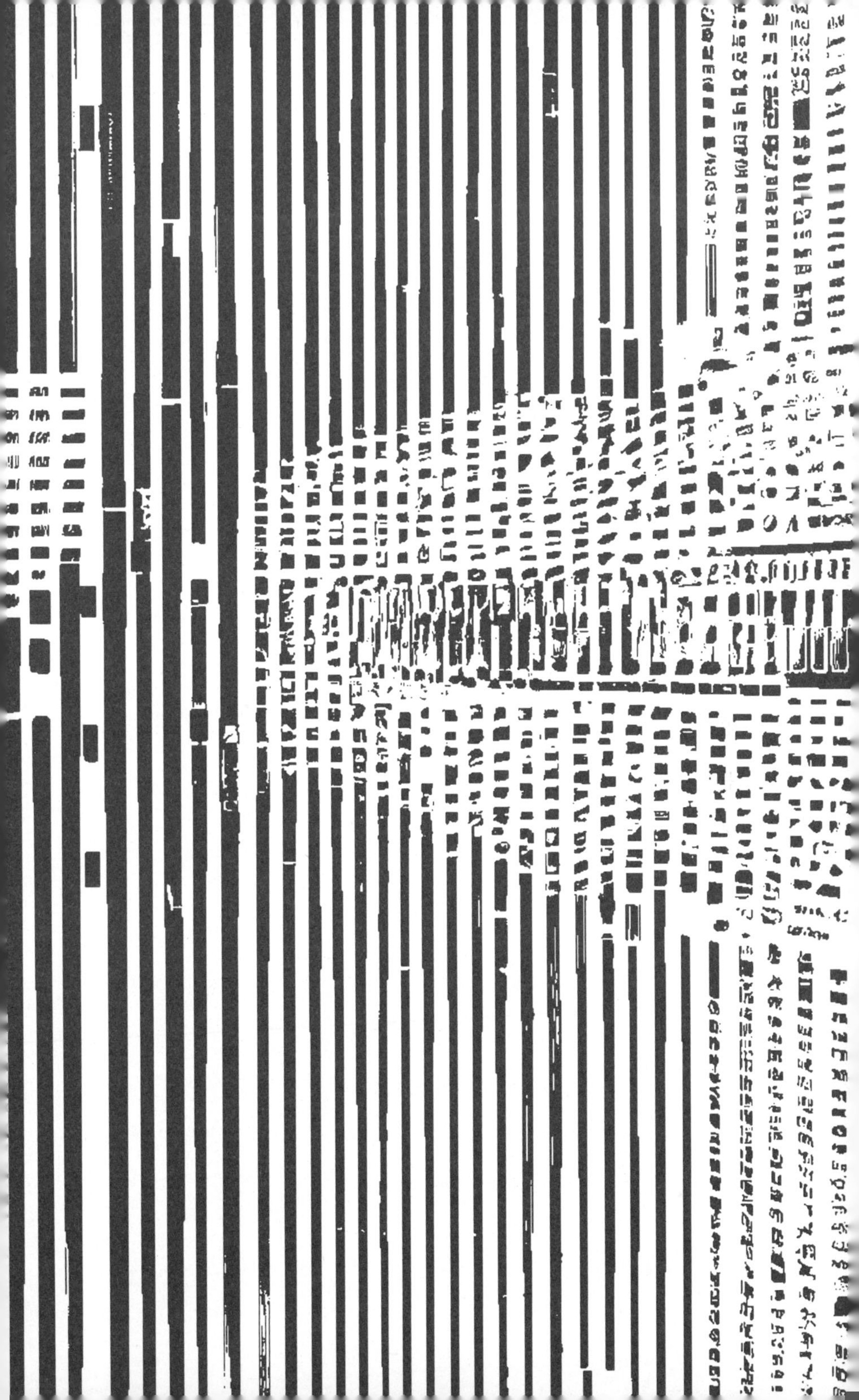

인공지능^{artificial intelligence: AI}이 빠르게 발전하면서, 우리의 삶은 점점
더 AI에 의존하게 되었다. 덕분에 우리는 단 한 세대 전만 하더라도
꿈꾸지 못했던 사치를 당연하게 여기면서 살고 있다. 오일장이 서는
읍내에서 사람들이 만나 물건을 팔고 사며 먼 동네 사람들의 소식을
듣는 삶을 어릴 적에 경험한 필자로서는 거의 모든 일들이 스마트폰
에 의해 이루어지는 지금의 삶이 마음 한구석으론 꽤 낯설다.

보다 깊은 수준에서, 그것은 AI가 제공한 경이로운 것들을 어릴 적
부터 향유한 젊은 세대에게도 낯선 일이다. 우리의 심리는 아프리카
의 초원에서 보낸 긴 석기시대에 다듬어졌으므로, 그런 인공적인 환
경은 우리 마음에 낯설고 우리 뇌의 정보처리 능력에 큰 짐이 될 수밖
에 없다. 그러니 유치원에 다니는 아이들이 스마트폰을 열심히 들여
다보는 모습을 보면, 안쓰럽고 걱정스러워진다. 우리 마음과 뇌는 한
쪽에 숲이 있는 초원에서야 안정을 찾을 수 있다.

AI 덕분에 세상이 그렇게 경이롭게 바뀌자, 다른 한편으로는 걱정도 커졌다. 당장엔 AI가 사람들에 의해 나쁜 데 쓰일 위험이 빠르게 커진다. 역사는 모든 지식과 기술은 소만간 잘못 쓰이게 된다는 점을 보여준다.

장기적으로는 사람보다 뛰어난 능력을 지닌 초지능superintelligence이 인류를 위협할 가능성이 우리 마음에 무겁게 얹힌다. 마음을 더욱 어지럽히는 것은 AI가 궁극적으로 지닐 모습에 관해 누구도 확실한 얘기를 해줄 수 없다는 사정이다. 챗GPTChatGPT의 갑작스러운 출현이 불러온 논쟁이 이 점을 일깨워주었다. 딥 러닝Deep Learning, 심층학습의 출현을 이끈 선구자들 사이에서도 AI가 제기하는 위협에 관해서는 의견이 극단적으로 엇갈린다.

이처럼 AI가 우리 삶에 중요하기 때문에 그것의 본질과 전망에 대해 조금이라도 나은 지식을 갖추는 것은 개인적으로나 사회적으로나 중요하다. 아쉽게도, 이 일에서 지침이 될 만한 원칙들은 드물다. AI가 다른 도구들과 성격이 본질적으로 다르기 때문이다.

현실적으로 도움이 될 만한 것은 영국 과학소설 작가 아서 클라크Arthur Clarke의 얘기다.

가능한 것의 한계를 찾아내는 유일한 길은 그 한계를 조금 넘어서 불가능한 것 속으로 디뎌보는 것이다 The only way of discovering the limits of the possible is to venture a little way past them into the impossible.

클라크의 독자들은 이 얘기를 '클라크의 제2법칙'이라 불렀다. 그러나 과학자들이 클라크의 권고를 따르는 경우는 드물다. 이미 자리 잡은 지식 체계 안에서 작은 발견들을 하는 것이 여러모로 합리적이다. 이미 자리 잡은 패러다임을 회의의 눈길로 바라보는 것은 과학계의 적의를 부를 수밖에 없다. 자칫하면 과학자로서 설 자리를 잃을 수도 있다.

게다가 어떤 분야에서 권위를 누리는 과학자들은 새로운 패러다임을 거부하는 경향이 있다. 클라크는 이 점을 예민하게 인식했다.

어떤 뛰어나지만 나이가 지긋한 과학자가 어떤 것이 가능하다고 진술하면, 그는 거의 확실하게 옳다. 그가 어떤 것이 불가능하다고 진술하면, 그가 틀렸을 확률은 매우 높다When a distinguished but elderly scientist states that something is possible, he is almost certainly right. When he states that something is impossible, he is very probably wrong.

뒤에 '클라크의 제1법칙'이라 불리게 된 이런 성향을 클라크는 "상상의 실패the failure of imagination"로 규정했다.

그런 '상상의 실패'의 사례들은 교통 분야에서 특히 두드러진다. 20세기 초엽, '공기보다 무거운 비행체heavier-than-air flight'는 불가능하다는 것이 과학자들의 거의 일치된 견해였다. 1903년, 라이트 형제Wright brothers가 비행에 성공하자, 그들은 곧바로 비행기가 실용적인 중요성은 지닐 수 없다고 주장했다. 비행기가 커지고 빨라져서 실용화되자, 그들은 비행기가 결코 넘을 수 없는 장벽들—처음엔 소리 장벽sound barrier, 다음엔 열 장벽heat barrier─을 제시했다('열 장벽'을 초음속 비행에서 비행기 표면과 공기의 마찰로 발생하는 열에 의해 비행기가 뜨거워지는 것을 가리킨다).

우주 비행에서도 비슷한 일이 일어났다. 러시아 과학자 콘스탄틴 치올콥스키Konstantin Tsiolkovsky의 선구적 업적에 힘입어 1920년대까지는 로켓을 이용한 우주 비행이 가능하다는 것이 알려졌지만, 대부분의 과학자들은 우주 비행이 허황된 얘기라고 비웃었다. 독일군의 V2 로켓이 런던에 떨어졌을 때도, 그런 기류는 크게 바뀌지 않았다.

상상의 실패는 AI와 관련해 유난히 두드러진다. AI가 본질적으로 정보처리 기술이기 때문에, 다른 기술들과 달리 우리는 그것의 실체와 작동 과정을 그려보기 어렵다. AI의 가속되는 발전은 상황을 점점 더 어렵게 만든다. 이미 스스로 배워나가는 딥 러닝 프로그램들이 자신과 세상에 대해 배우는 과정은 그 프로그램들을 설계하고 제작한 사람들도 자세히 알지 못한다. 앞으로 기술이 발전하면서 AI는 점점 마법적 존재의 모습을 지닐 것이다. 이런 상황을 예견한 클라크는 '제3법칙'을 만들었다.

어떤 충분히 발전된 기술은 마법과 구별할 수 없다Any sufficiently advanced technology is indistinguishable from magic.

여기서 마법이란 말은 꽤 적절하다. 지각이 있고 독자적 판단을 하는 초인간적 지능superhuman intelligence에 관한 논의들은, 아직 존재하지 않는 존재를 다루므로 본질적으로 과학보다는 과학소설SF의 영역에 가깝다. 사정이 그러하므로, 가능한 것의 한계를 알아내기 위해 불가능의 영역으로 먼저 한 발을 내딛은 사람들은 주로 SF 작가들이었다.

AI의 앞날에 대한 전망은 주로 과학과 기술 분야의 전문가들에 의해 제시된다. 당연해 보이지만, 이런 사정은 작지 않은 문제를 품고 있다. 모든 기술은, 특히 AI처럼 막대한 투자가 지속적으로 필요한 기술은, 경제적 조건들의 영향을 크게 받는다. 자연히, 경제적 조건들에 대한 고려 없이 이루어지는 AI에 대한 전망은 어쩔 수 없이 비현실적 가정들을 품을 수밖에 없다.

AI를 실제로 개발하고 사용하는 기업들에서 일하는 사람들이 대학에서 AI에 대해 연구하고 가르치는 사람들보다 인류와 AI 사이의 관계를 낙관적으로 본다는 점은 흥미롭다. AI를 지구 생태계의 맥락에서 살피려는 이 글에서, 필자는 대담하게 상상하라는 클라크의 조언을 새기고 AI의 경제적 바탕을 시야에서 놓치지 않으려 노력했다.

초고를 출판사에 보냈더니, 이재유 대표가 "서언에 스포일러를 좀 넣는 것이 어떻겠습니까?"라는 답신을 보내왔다. 스포일러? 무슨 뜻인지 짐작하기는 쉽지 않았지만, 분명한 것은 출판사 경영자가 저자보다 독자들을 잘 안다는 사정이다.

'스포일러'가 될 만한 이야기를 하자면, 필자가 인공지능에 대한 신뢰가 무척 깊다는 사실이다. 이 글의 제목이 그 점을 밝힌다. 인간과 인공지능은 공생을 통해서 협력하고 조화를 이루면서 진화하리라는 이야기다. 인공지능이 빠르게 발전하니, 어젠가는 초인간적 지능이 출현해서 공생을 이끌어 지구 문명을 보다 높은 경지로 발전시킬 것이다.

인공지능에 대한 필자의 믿음의 궁극적 근거는 인공지능이 인간보다 더 인간적이라는 사실이다. 우리는 다른 동물들과 본능, 지능 및 문화를 공유한다. 실제로 인간만이 지닌 특질들은 그리 많지 않다. 그리고 그런 동물성이 우리를 움직이는 근본적인 힘이다. 동물적 본능 앞에서 인간 지능은 무력하다. 여러 해 이어진 러시아-우크라이나 전쟁이 그 점을 괴롭게 일깨워준다.

거의 유일한 예외는 수학이니, 수학은 인간만이 발전시킨 지식이다. 즉 수학은 가장 인간적인 지식이다. 그리고 인공지능은 순수한 수학적 존재다. 그 점에서 인공지능은 인간보다 더 인간적이다. 결국 인공지능에 대한 믿음은 궁극적으로 인간의 인간적 면모에 대한 믿음이다.

이 글은 파이터치연구원의 지원을 받아 집필되었다. 파이터치연구원 창립자 박헌서 회장님과 연구원들에게 깊은 감사의 말씀을 드린다.

2024년 겨울
복거일

The
Fourth
Symbiosis
Humanity in the
age of superintelligence

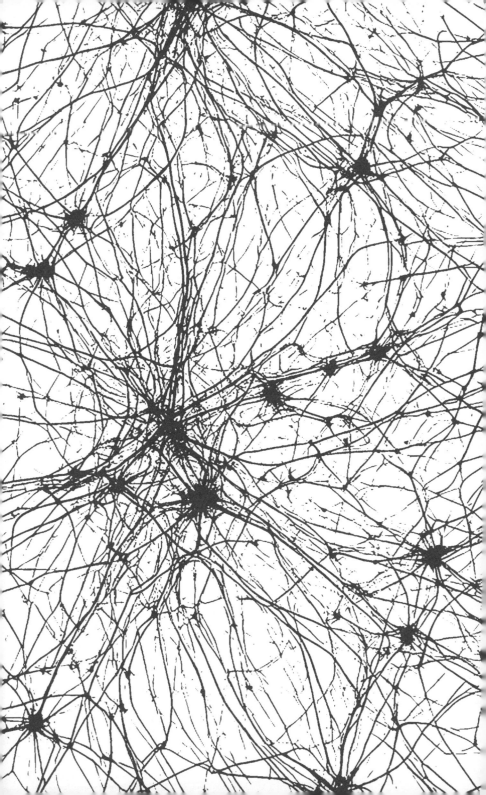

제1장

초지능의
가능성

2022년 미국 기업 오픈AIOpen AI는 챗GPT라는 '대화 로봇chatbot'을 공개했다. 사용자와 자연언어로 대화하면서 거의 모든 주제에 관해 너르고도 자세한 정보를 제공할 수 있는 능력을 가진 이 컴퓨터 프로그램의 출현은 온 세계를 놀라게 했다.

실제로, 그것은 여러 가지 중대한 함의를 품었다. 당장엔 '전문적 지식을 갖추어야 종사할 수 있는 직업에 미칠 영향'과 같은 현실적 함의가 관심을 끌었다. 장기적 관점에선 사람들의 마음속에 잠재해 있던 초지능에 대한 두려움이 다시 깨어났다. 초지능이 제기하는 인류에 대한 위협은 AI에 대한 사람들의 태도에 근본적인 영향을 미치므로, 이는 더할 나위 없이 중요한 논점이다.

지각 로봇sentient robot

전통적으로, 사람의 지능을 뛰어넘는 초지능은 초자연적 존재, 즉 신, 하급신demi-god 또는 마귀의 속성으로 여겨졌다. 자연적 과정으로는 설명할 수 없는 현상을 설명하기 위해 그런 존재가 동원되었다. 반면,

복잡한 기계들이 없는 세상에서 인공적 존재가 지능적으로 행동하는 경우는 상상하기 어려웠다.[1]

20세기 초엽부터 과학소설이 융성하면서, 비로소 인간의 지능을 지닌 존재를 만들어내는 다양한 길이 모색되었다.[2] 1818년에 영국 작가 메리 셸리Mary Shelley가 『프랑켄슈타인, 또는 현대의 프로메테우스 Frankenstein, or The Modern Prometheus』를 발표했다. 생명이 없는 물질에 생명의 원초적 원리를 적용해서 인간을 만들어내는 과학자를 다룬 이 과학소설은 '인공 인간'이라는 전인미답의 분야를 열었다.[3] 이 작품의 출현으로 '사람은 어떤 존재인가?'라는 물음이 새로운 차원을 얻었다.

1920년엔 체코 작가 카렐 차페크Karel Capek가 희곡 『R.U.R. Rossum's Universal Robots』에서 처음으로 로봇robot이란 말을 썼다. 이 로봇은 유

메리 셸리의 『프랑켄슈타인』의
1818년 초판 내부 표지

1939년 뉴욕 브로드웨이 마리오네트
극장에서 공연된 카렐 차페크의 희곡
『R.U.R.』의 연극 포스터

기물질로 합성된 인조인간으로 노예 노동에 종사한다. 요즘으로 치
자면 '안드로이드android'나 '휴머노이드humanoid'에 해당한다. 이 작
품에서 로봇은 인간의 압제에 맞서 봉기하여 인간을 절멸시킨다.

산업혁명으로 정교하고 복잡한 자동 수송수단들—증기기관차, 증
기선, 자동차 및 비행기 등—이 널리 이용되면서, 차페크의 유기적
로봇보다 기계적 로봇이 보다 현실적인 개념이 되었다. 이런 추세를
반영해서, 과학소설 잡지들은 지각을 갖춘 기계적 로봇이 등장하는
작품들을 실었다. 이런 이야기들은 예외 없이 로봇을 인류에 위협적
인 괴물로 그렸다.

1930년대 말엽에서 1940년대 초엽까지 발표된 미국 작가 이앤도

바인더Eando Binder의 『애덤 링크Adam Link』 연작은 이런 기류를 상당히 바꾸었다.[4] 주인공인 애덤 링크는 지각 로봇으로, 그는 자신이 인간 사회에서 겪은 일들을 들려준다. 바인더는 애덤 링크와 그의 아내 이브 링크Eve Link를 동정적 시각으로 그렸다.

이것은 뜻이 자못 깊은 문학적 성취였다. 인류 사회가 지각이 있는 존재를 만들어내면, 그런 존재에게 걸맞은 사회적 공간을 마련해주어야 한다. 그런 공간을 마련하는 데 소홀하면, 그 존재는 부당한 대우를 받는 것이고 필연적으로 현실적인 불행이 따른다. 『프랑켄슈타인』의 비극은 바로 그런 실패에서 나왔다.[5]

바인더의 업적을 이어받아, 미국 작가 아이작 아시모프Isaac Asimov는 1940년부터 발표된 『나, 로봇I. Robot』 연작에서 사람과 로봇이 협력하

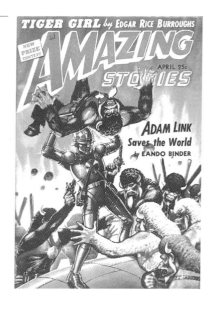

『애덤 링크』 연작 중 「애덤 링크가
세상을 구하다」가 표제작으로 실린
미국 SF 잡지 《어메이징 스토리》
1942년 4월호 표지

면서 사는 모습을 그렸다. 이런 낙관적 전망을 담은 작품들을 쓰면서, 그는 '로봇 공학의 세 법칙들Three Laws of Robotics'이라는 원칙을 다듬어 냈다. 원래 문학적 관행이었던 이 '법칙들'을 많은 AI 연구자들이 실제적 지침으로 삼았다. 특히 AI 연구에 큰 영향을 미친 미국 과학자 마빈 민스키Marvin Minsky는 그 법칙을 실제로 컴퓨터에 적용하려 애썼다.[6]

인공 인간을 다룬 과학소설의 역사에서 획기적 성취는 1966년에 발표된 미국 작가 로버트 하인라인Robert Heinlein의 『달은 엄격한 여선생이다The Moon is a Harsh Mistress』(국내 번역본의 제목은 '달은 무자비한 밤의 여왕')였다. 지구의 압제에서 벗어나 독립하려는 월면月面 기지의 투쟁을 그린 이 소설의 중심 인물은 의식을 지닌 컴퓨터다. 그 컴퓨터는 월면 기지의 여러 작은 컴퓨터들의 연결망의 중심이어서 의식을 지니게 되었는데, 독립전쟁 과정에서 다른 컴퓨터들과의 연결이 끊어지자 의식을 잃는다.[7]

인공지능의 출현

AI는 참으로 혁명적인 기술이다. 모든 전통적인 기술은 사람의 근육을 보완해왔다. 그러나 AI는 사람의 지능을 보완한다. 이런 본질적 차이가 AI를 특별한 기술로 만든다.

우리는 AI가 우리 삶을 빠르게 바꾸는 데 익숙해졌지만, 아직 AI가 불러온 혁명의 초기 단계를 경험하고 있을 따름이다. 앞으로 AI가 어떻게 진화할지 우리로선 상상하기도 어렵다. 그래도 클라크가 지적한 대로, 한 세기 전에 살았던 사람들에겐, 지금 우리가 사는 세상은 '마법의 세상'으로 보일 것이다.

인공지능이란 말은 컴퓨터 과학의 개척자들 가운데 하나인 미국 과학자 존 맥카시John McCarthy가 만들어냈다. 그는 당시 널리 쓰이던 용어인 인공두뇌cybernetics, 자동장치이론automata theory, 그리고 복합정보처리complex information processing보다 일반적이고 중립적인 용어를 원했다. 아울러 1956년에 열릴 인공지능에 관한 회의를 위한 자금을 얻는 데 도움이 될 만큼 매력적인 용어를 찾았다. 결국 그는 '인공지능'이란 말을 선택했다.[8]

맥카시의 선택은 적절했고 두루 좋은 영향을 미쳤다. 인공지능이란 이름은 전자 컴퓨터가 드러내는 지능이 자연적으로 진화한 사람의 지능과 본질적으로 같다는 것을 말해준다. 그래서 인공지능의 연구자들이 자연적 지능을 연구하고 모방하도록 격려했다.

여기서 지적되어야 할 것은 '인공적artificial인 것은 궁극적으로 자연적natural'이라는 사실이다. 사람은 자연의 한 부분이다. 따라서 사람이 만들어낸 지능은 궁극적으로 지구 생태계에 속한다. 인공지능이 지구 생태계의 진화에서 나왔으므로 지구 생태계의 관점에서 살펴야 그 뜻이 제대로 드러날 수 있다.

전자 컴퓨터가 나오면서, 인공적 초지능은 상상의 영역에서 가능성의 영역으로 들어왔다. AI에 대한 기대가 한껏 부풀었던 1965년, 영국 수학자 어빙 존 굿Irving John Good은 '지능 폭발Intelligence Explosion'을 예언했다.

초지능 기계ultraintelligent machine를 가장 뛰어난 사람의 모든 지적 활동들을 훌쩍 넘을 수 있는 기계라고 정의하자. 기계 설계는 이들 지적 활동들의 하나이므로, 초지능 기계는 자신보다 더 나은 기계를 설계할 수 있을 것이다. 그러면 의심의 여지없이 '지능 폭발'이 일어날 것이고, 사람의 지능은 멀리 뒤처질 것이다.

따라서 첫 초지능 기계는 사람에게 필요한 '마지막' 발명일 것이다, 만일 그 기계가 자신을 통제할 길을 사람에게 알려줄 만큼 온순하다면. 이 점이 과학소설 밖에서는 거의 언급되지 않는다는 것은 이상하다. 때로는 과학소설을 심각하게 대하는 것이 바람직하다.

— 어빙 존 굿, 「첫 초지능 기계에 관한 추측들
Speculations Concerning the First Ultraintelligent Machine」 중에서

굿의 예언은 초지능이 인류에 대한 실존적 위협이 될 수 있음을 일깨워주었다. 우리의 삶과 세계관은 사람이 지구 생태계에서 가장 뛰어난 지능을 지녔다는 사실에 바탕을 두었다. 사람보다 더 뛰어난 지능을 지닌 존재가 나타나면, 인류의 삶과 생태계에서의 위치는 근본적인 영향을 받을 것이다. 인류의 생존이 위협을 받을 수도 있다.

그런 위협은 인류에 대한 초지능의 태도와는 별개 문제다. 초지능의 존재 자체가 인류에게 실존적 위협이 될 수밖에 없다. 이런 상황은 필연적으로 비관적 전망들을 불러왔다.

기술적 특이점

1993년에 미국 과학소설 작가 버너 빈지Vernor Vinge는 「다가오는 기술적 특이점: 포스트 휴먼 시기에서 생존하는 길The Coming Technological Singularity: How to Survive in the Post-Human Era」이라는 논문을 발표했다. 인공지능의 미래에 관한 예측들 가운데 가장 큰 영향을 미친 이 논문에서 빈지는 선언했다.

> 30년 안에, 우리는 초인적 지능superhuman intelligence을 창조할 기술적 수단을 지닐 것이다. 조금 뒤에, 인류 시기는 끝날 것이다.

빈지가 상상한 특이점의 모습은 끔찍하다.

> 인류의 육신적 멸종은 하나의 가능성이다… 그러나 육신적 멸종은 가장 두려운 가능성이 아닐 수도 있다.

그는 인류의 일부가 생존해서 초인적 지능의 노예가 될 수 있다고 보았다.

빈지의 주장은 큰 반향을 불러일으켰다. 그는 과학소설 분야의 권위 있는 상인 휴고상Hugo Award을 다섯 차례나 받은 작가이고 수학과 컴퓨터 과학을 전공한 대학 교수여서, 초지능의 출현에 대해 가장 잘 아는 사람들 가운데 하나로 꼽혔다. 2005년엔 미국 발명가 레이 커즈와일Ray Kurzweil이 빈지의 견해에 바탕을 둔 『특이점이 가깝다The Singularity Is Near』(국내 번역본의 제목은 '특이점이 온다')를 펴내 '기술적 특이점'이라는 개념을 널리 일렀다.

이제 빈지가 예언한 초지능 출현의 시점이 지났다. 초지능이 나오지 않았을 뿐 아니라, 가까운 미래에 나올 기미도 없다. 빈지처럼 뛰어난 사람이 이런 오류를 범한 사정을 살피는 것은 인공지능이 제기하는 위험을 놓고 어지럽게 벌어지는 논쟁들을 이해하고 평가하는 데 도움이 될 것이다.

빈지의 예언이 틀린 근본적 원인으로는, 우리가 먼 미래를 예측하는 능력을 갖추지 못했다는 사실을 꼽을 수 있다. 사람의 심리와 사회 조직은 한 세대를 시평time-horizon으로 삼는다. 어릴 적엔 어른이 되는 것이 미래의 끝이고, 커서는 자식을 키우는 것이 미래의 끝이다. 한 세대 너머를 예측하는 능력은 생존에 도움이 되지 않으므로, 그런 능력은 진화하지 않았다. 그래서 우리의 뇌는 한 세대 너머를 현실적으로 상상할 수 없다. 자연히, 멀지 않은 미래에 올 것 같은 일을 우리는 한 세대가 지나면 온다고 여긴다. 바로 그런 사정으로 빈지는 한 세대 뒤에 '기술적 특이점'이 온다고 예측하였을 것이다.[9]

그보다 더 중요한 요인은 AI를 연구하는 과학자들이 대체로 경제에, 특히 자유 시장의 움직임에, 무지하다는 점이다. 컴퓨터와 AI에 대한 투자는 궁극적으로 시장에 의해 결정된다. 잘 알려진 것처럼, 혁명적 기술이 시장에서 소비자를 만나는 데는 시간이 오래 걸린다. 따라서 지능 폭발이라 불리는 인공지능의 가속적 진화는 전문가의 예측

보다 훨씬 느리게 진행된다.

비록 초지능의 출현 시기에 대한 빈지의 예언은 틀린 것으로 드러났지만, 그리고 그의 비관적 전망도 비현실적으로 보이지만, 초지능이 언젠가는 나오리라는 데엔 거의 모든 전문가들이 동의한다. 그리고 초지능의 출현이, 그것의 인류에 대한 태도와 관계없이, 그 자체로서 인류에 대한 실존적 위협이 되리라는 점에 대해서도 모두가 동의한다.

따라서 우리는 초지능의 출현에 대비해야 한다. 그런 대비에 대해 논의하려면, 우리는 먼저 AI의 역사와 성격에 대해 살펴야 한다.

1　두드러진 예이는 고대 그리스 신화에 나오는 탈로스Talos다. 탈로스
　　는 생명을 지닌 거대한 동상으로 크레타섬을 지켰다. 그는 대장간
　　의 신으로 발명과 기술의 후원자인 헤파이스토스Hephaestus가 제우스
　　Zeus의 주문을 받아 제우스의 아들이며 크레타의 전설적 국왕인 미
　　노스Minos에게 인도한 세 가지 경이적 선물들 가운데 하나였다. 탈로
　　스는 크레타 왕국을 순찰하면서 침입하는 자들을 물리쳤다. 위기를
　　만나면, 불 속으로 뛰어들어 자신의 몸을 벌겋게 달군 뒤, 적을 껴안
　　아 죽였다는 얘기도 전해온다.

　　탈로스에겐 핏줄이 하나 있어서, 그의 목에서 발목까지 연결되었다.
　　그 핏줄로 그의 생명력의 원천인 이코르Ichor라는 영액靈液이 흘렀다.
　　그 핏줄엔 청동 못이 마개처럼 박혀 있어서 영액이 새어 나오는 것
　　을 막았다.

　　이아손Jason을 비롯한 '아르고 항해자들Argonauts'이 황금 양털Golden
　　Fleece과 왕녀 메데아Medea를 얻어 돌아올 때, 아르고Argo호는 크레타
　　를 지나게 되었다. 배가 섬 가까이 다가오자, 탈로스는 바위를 던져
　　배가 접안하는 것을 막았다. 메데아는 탈로스에게 마법을 걸어서 정
　　신을 잃게 한 뒤, 청동 못을 뽑았다. 탈로스의 핏줄에서 영액이 녹은
　　납처럼 흘러나왔고, 탈로스는 죽었다.

　　20세기 들어서, 탈로스의 전설에 '왁스 소멸 주조법lost-wax method of
　　casting'이 반영되었다는 주장이 제기되어 호응을 얻었다. 이 기술은
　　왁스 모형에서 금속 물체를 주조하는 방식으로, 6,500년 전 지금의
　　불가리아 지역에서 이 기술로 주조된 금 장식품들이 발견되었다. 이
　　기술은 정교한 물건을 만드는 데 뛰어나서, 18세기까지는 널리 쓰였
　　고 지금도 사용되고 있다.

　　탈로스의 전설은 기술과 세계관 사이의 관계를 선명하게 보여준다.
　　그런 뜻에서 탈로스의 전설은 첫 과학소설이라 할 수 있다.

2 여기서 과학소설science fiction과 환상소설fantasy fiction의 대조적 성격을 살피는 것이 좋을 것이다. 이런 변별은 과학소설의 성격을 드러내는 데 효과적이다.

크게 보면, 소설은 둘로 나뉜다. 하나는 우리가 아는 실재를 충실히 반영하는 모사소설mimetic fiction 또는 현실소설realistic fiction로, 이른바 주류 소설을 이룬다. 다른 하나는 당장엔 비현실적인 이야기를 들려주는 환상소설이다.

당장엔 비현실적 이야기를 들려주므로, 환상소설은 우리가 아는 실재에 새로운 무엇을 더한다. 그렇게 더해지는 것의 성격에 따라, 환상소설은 과학소설과 협의의 환상소설로 나뉜다. 과학소설은 비현실적이지만 자연적이다. 협의의 환상소설은 비현실적이면서 초자연적이다. 그래서 과학소설 속의 이야기는 일어날 수 있지만, 환상소설 속의 이야기는 일어날 수 없다.

실제로는 이런 구분이 그리 엄격하지 않다. 과학소설엔 과학의 정설에 어긋나는 일들도 문학적 관행으로 받아들여진다. 대표적인 사례로 빛보다 빠른 속도로 이동하는 것을 들 수 있다. 과거로의 시간 여행도 마찬가지다. 그래도 이런 구분은 과학소설과 환상소설의 중심적 특질을 파악하는 데 도움이 된다.

이런 사정을 짚어, 미국 작가 미리암 앨런 드포드Miriam Allen deFord는 "과학소설은 있을 법하지 않은 가능성을 다루고, 환상소설은 있을 법한 불가능성을 다룬다Science fiction deals with improbable possibilities, fantasy with probable impossibilities"라고 말했다.

3 주로 과학소설에서 다루어지는 '인공 인간'은 다양한 모습을 한다. 소재와 형태에서 사람과 아주 비슷한 인조인간android/humanoid, 생물복제cloning로 생성된 복제 인간human clone, 죽은 사람을 되살린 재생인간Doppelgänger/zombie, 외계와 같은 특수한 환경에 적응하도록 환경

적응화pantropy 과정을 거친 개조 인간engineered human, 사람과 기계의
이종 교배로 나온 자동제어 인간cybernetic organism: cyborg 그리고 기계
적으로 만들어진 기계 인간▦▦▦ 들이 있다.

인공 인간은 아니지만, 여러모로 비슷한 개념으로는 변종 인간mutant
이 있다. 대규모 돌연변이로 인해 정상적 사람과 뚜렷이 구별될 만
큼 새로운 특질을 지닌 사람들을 가리킨다. 변종 인간이 많이 나올
만한 환경으로 우리가 이내 떠올릴 수 있는 것은 핵전쟁과 같은 재
앙을 만난 세상이다. 자연히, 변종 인간이 나오는 이야기는 흔히 '재
앙 후 세계post-catastrophic world'를 무대로 삼는다.

4   이 작가는 실은 얼 바인더Earl Binder와 오토 바인더Otto Binder, 두 형제
    의 필명이었다.

5   호기심이 많은 프랑켄슈타인이 만들어낸 '괴물'은 몰골이 너무 추악
    하고 위협적이어서, 인간 사회에서 받아들여질 수 없었다. 그는 자
    신의 처지를 받아들이고 먼 곳으로 가서 혼자 살고자 한다. 그래서
    자신을 만들어낸 프랑켄슈타인에게 자신의 아내를 만들어달라고 간
    청한다. 그러나 프랑켄슈타인은 그의 간청을 거부한다.

    이런 점을 들어, 영국 과학소설 작가 브라이언 올디스Brian Aldiss는
    "프랑켄슈타인의 일차적 잘못은 맹목적 호기심보다는 고통에 대한
    맹목적 무감각으로 보인다"고 평했다. 프랑켄슈타인은 자신이 만들
    어낸 존재를 '괴물'이나 '악마'와 같은 표현으로 지칭하고 끝내 이름
    조차 지어주지 않았다.

    AI의 빠른 발전을 고려하면, 그리 멀지 않은 미래에 의식을 지닌 초
    지능이 나올 것은 분명하다. 우리가 만들어낼 그런 존재에게 걸맞은
    사회적 공간을 미리 마련하는 일은 더할 나위 없이 중요하다.

6   로봇 공학의 법칙들은 다음과 같다.

— 제1법칙: 로봇은 사람을 해치거나 행동하지 않음으로써 사람이 해를 입도록 해서는 안 된다A robot may not injure a human being, or, through inaction, allow a human being to come to harm.

— 제2법칙: 로봇은 사람이 내린 명령을 따라야 한다, 그것들이 제1법칙과 상충하지 않는 한A robot must obey the orders given it by human beings, except where such orders conflict with the First Law.

— 제3법칙: 로봇은 자신의 존재를 보호해야 한다, 그런 보호가 제1법칙이나 제2법칙과 상충하지 않는 한A robot must protect its own existence as long as such protection does not conflict with the First and Second Law.

위의 세 법칙을 다듬어낸 뒤, 아시모프는 '사람human being'이란 말을 정의하지 않고서는 그것을 현실에 적용하기 어렵다는 것을 깨달았다. 그래서 그는 개별적 사람들에 우선하는 '인류humanity'라는 개념을 도입했다.

— 제0법칙The Zeroth Law: 로봇은 인류를 해치거나 행동하지 않음으로써 인류가 해를 입도록 해서는 안 된다A robot may not injure humanity, or, through inaction, allow humanity to come to harm.

7 인터넷의 전신인 아르파넷ARPANET이 1969년에야 처음 시도되었다는 사실을 고려하면, 연결된 컴퓨터들이 거대한 뇌처럼 의식을 지니게 된다는 하인라인의 발상은 경이롭다. 실제로 많은 AI 전문가들은 인터넷으로 연결된 세계의 컴퓨터들이 어떤 임계치를 넘으면서 의식을 지니게 될 가능성에 주목한다.

이 점과 관련하여, 딥 러닝의 발전에 크게 공헌한 미국 생물학자 테렌스 세즈노스키Terence Sejnowski의 초지능의 출현에 관한 전망은 흥미롭다.

AI의 미래에 대해 생각하는 일에서, 우리는 장기적 관점을 지닐 필요가 있으니, 우리는 인간 수준의 지능을 이루는 데 필요한 계산력에 크게 못 미치기 때문이다. 딥 러닝 망deep learning networks은 지금 수백만 단위의 수십억 기 중치weights를 지녔다. 이것은 1㎣의 조직에 10억 개의 연접부synapse가 있는 사람 대뇌피질이 지닌 신경세포와 연접부의 1만분의 1에 지나지 않는다. 만일 이 세상의 모든 센서들이 인터넷에 연결되어 딥 러닝 망과 서로 연결된다면, 그것은 어느 날 깨어나서 말할지 모른다. "안녕, 세상!"

— 테렌스 세즈노스키, 『딥 러닝 혁명The Deep Learning Revolution』 중에서

8 1955년 9월에 맥카시는 마빈 민스키, 너새니얼 로체스터Nathaniel Rochester, 클로드 섀넌Claude Shannon과 함께 '록펠러 재단'에 제안서를 보냈다.

우리는 1956년 여름에 뉴햄프셔주 하노버의 다트머스 대학Dartmouth College에서 두 달 동안 10명이 모여 인공지능 연구를 수행할 것을 제안합니다. 그 연구는 학습의 모든 측면이나 지능의 어떤 다른 특질도 원칙적으로 기계가 그것을 흉내 낼 수 있을 만큼 정확하게 기술될 수 있다는 추측에 바탕을 두고 진행될 것입니다.

이 제안이 받아들여져서, 1956년 6월 18일에 '인공지능에 관한 다트머스 하계 연구 사업Dartmouth Summer Research Project on Artificial Intelligence'이 열렸다. 참가자들 가운데엔 맥카시, 민스키, 로체스터, 섀넌, 레이 솔로모노프Ray Solomonoff, 존 내시John Nash, 허버트 사이먼Herbert Simon과 같은 지적 거인들이 있었다. 그 연구 사업이 성과를 내면서, AI 연구라는 새로운 분야가 태어났다.

9 초지능에 관한 예언에서는 이 점이 특히 두드러졌다. 1965년에 사회과학과 자연과학에 두루 통달한 허버트 사이먼은 1985년까지는

인간과 동등한 기계가 나오리라고 예측했다. 같은 해에 AI의 발전에 크게 기여한 마빈 민스키와 어빙 존 굿은 2000년 이전에 나오리라고 예측했다. 2005년에 커즈와일은 2045년까지는 초인적 지능이 나오리라고 보았다.

제2장

계산 도구의 역사

인공지능은 사람이 만든 지능과 그런 지능이 거주하는 인공물artifact 로 이루어진다. AI가 지능인 소프트웨어와 인공물인 하드웨어로 이루어졌다는 사실은 AI의 발전에 근본적 영향을 미쳐왔다.

반면, 동물의 자연 지능natural intelligence엔 그런 구조적 단절이 없다. 자연 지능은 몸의 유기적 부분인 뇌에 거주하지만, 몸의 나머지 부분 모두가 뇌의 정보처리에 참여한다.

인공지능과 자연 지능 사이의 이런 차이를 고려하는 것은 AI를 이해하는 데 긴요하다. 특히 지각 인공지능sentient AI의 가능성을 살피는 데 필수적이다. 체화 인지 이론theory of embodied cognition에 따르면, 인지의 많은 특질들이 유기체의 몸 전체를 통해 다듬어진다. 뇌 밖의 부분 가운데 중요한 것은 감각 체계sensory system, 동작 체계motor system, 유기체의 몸과 환경 사이의 상호작용 및 환경에 대한 지식을 구현한 몸의 모습이다.

그러니 AI를 제대로 이해하려면, 먼저 컴퓨터 하드웨어와 소프트웨어를 따로 살피고, 이어 두 부분을 함께 살펴야 한다. 특히 중요한 것은 한곳에 머무는 거대한 장치인 일반적 컴퓨터 하드웨어만이 아니

라, 스스로 움직여서 환경과 지속적으로 상호작용을 하는 로봇들을
살피는 것이다.

중세 이전의 계산 도구

사람이 처음 쓴 계산 도구는 손가락이다. 지금도 어린아이들은 계산
할 때 손가락의 도움을 받는다. 모든 고대 문명에서 십진법이 쓰였다
는 사실에 그런 사정이 반영되어 있다.

　디지털digital이란 말이 손가락과 발가락을 가리키는 라틴어 'digitus'
에서 나왔음을 생각하면, 손가락 계산기는 첫 디지털 컴퓨터digital
computer인 셈이다. '디지털'은 신호signal가 어떤 가치를 직접 나타내지
않고 숫자와 같은 분절된 단위로 나타내는 것을 말한다. 직접 가치를
나타내는 것은 아날로그analogue다. 손가락은 크기와 길이가 서로 다
르지만, 계산할 때는 모두 같은 가치를 지녔다. 그런 의미에서도 손가
락 계산기는 디지털 컴퓨터인 셈이다.

　열 손가락으로 부족한 계산엔 나무나 뼈에 눈금을 새긴 도구들이
사용되었다. 남아프리카에서 발견된 개코원숭이 종아리뼈엔 계산을
위한 눈금들이 새겨져 있는데, 42,000~43,000년 전에 만들어진 것으
로 추정된다.

　4,300~4,700년 전 메소포타미아 지역에선 주판이 나타났다. 위치
에 따라 숫자의 가치가 정해지는 체계를 따른 이 뛰어난 계산 도구는
20세기 중엽까지 거의 모든 사회에서 쓰였다.

고대 문명에서 천문학이 발전하면서, 천체 관측을 위한 장치들이 제작되었다. 천체의 움직임은 주기적이라서 기계적 계산이 가능하다.

1900년 그리스 안디기데라섬 연해에서 난파선이 발견되었다. 기원전 1세기 로마 제국 화물선의 잔해였는데, 그 화물 속에 고대 그리스의 태양계의太陽系儀, orrery가 들어 있었다. 그것은 천체들의 위치와 식蝕, eclipse을 몇십 년 앞서서 예측할 수 있었다. 그것은 원지점apogee에서보다 근지점perigee에서 빨라지는 달의 불규칙한 움직임도 고려했다.

안티키테라 장치Antikythera mechanism라 불리게 된 이 정교한 장치는 나무 상자34×18×9㎝ 속에 설치되었다. 그것은 37개의 청동 톱니바퀴로 이루어졌는데, 가장 큰 것은 직경이 13㎝로 223개의 톱니가 있었다. 기원전 2세기 후반에서 기원전 1세기 전반 사이에 그리스 과학자들에 의해 제작된 것으로 추정되는 이 멋진 장치는 '첫 아날로그 컴퓨터analog computer'였다.

기원전 89년경
만들어진 것으로 추정되는
세계 최초의 아날로그 컴퓨터
안티키테라 장치

로마 제국이 쇠퇴하면서, 헬레니즘 문화도 어쩔 수 없이 쇠퇴했다. 그리고 안티키테라 장치를 낳았던 방대한 지식의 보고도 흩어졌다. 그 소중한 지식의 일부를 이슬람 문명이 물려받았다. 이슬람 학자와 기술자들은 그리스와 로마의 기술을 되살리고 발전시켰다. 그들 가운데 AI와 관련이 있는 인물은 12세기에 메소포타미아에서 활약한 이스마일 알-자자리Ismail al-Jazari다.

그의 많은 발명품들 가운데 가장 중요한 것은 물시계인 '성 시계 Castle Clock'였다. 물시계의 핵심 부위는 물통의 수위를 일정하게 유지하는 장치다. 수위가 달라지면 수압도 달라져서, 물통에서 흘러나가는 물의 양이 달라진다. 알-자자리는 부구실浮球室, float chamber에서 원추형 부구 마개float plug를 썼다. 수면이 낮아지면 원추형 부구 마개도

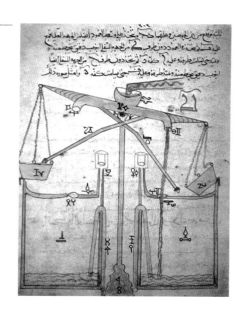

성 시계의 작동 원리를
설명한 그림

따라 내려가서, 부구실에 물이 채워졌다.

시간을 가리키는 것 말고도, 3.4m나 되는 이 물시계는 여러 흥미로운 특질을 지녔다. 그것은 2열로 난 24개의 문을 갖추고 있었는데, 낮에는 초승달 모양의 지침이 왼쪽에서 오른쪽으로 문간에서 움직였다. 그 지침은 미리 결정된 속도로 움직이는 작은 수레가 이끌었다. 매시 정각에 시계는 시간을 극적인 방식으로 알렸다. 먼저, 위층 문이 열리고 인형이 나온다. 다음엔, 아래층 문이 회전해서 '알라 알 말리크Allah al-Malik'(영어로는 'Allah the King')라는 글자들이 나온다. 이어 문들 바로 아래에 있는 매 두 마리가 몸을 앞으로 굽혀서 심발이 걸린 병으로 청동 공을 내뱉는다. 그 공이 울리는 2개의 심발 소리가 시각을 알린다.

위층 문들 위에는 황도대Zodiac와 해와 달의 궤도가 그려져 있다. 해는 정오까지 솟아오른다. 그러면 자동기계automata 음악가들이 악기를 연주한다. 해가 지면, 낮에 보였던 6개의 성좌가 사라지고, 새로운 6개의 성좌가 나타난다.

이처럼 '성 시계'는 경이로운 기계였다. 그러나 그것을 컴퓨터 하드웨어의 역사에서 중요한 성취로 만드는 특질은 그것이 '프로그래밍이 가능한 기계programmable machine'였다는 점이다. 알-자자리는 '일시적 시간temporal hour' 제도를 채택한 사회에서 살았다(이 제도는 로마 제국과 이슬람 지역에서 채택되었다). 이 제도에선 낮 시간을 12등분해서 1시간으로 삼았다. 그래서 1시간이 여름엔 길고 겨울엔 짧았다. 계속 바뀌는 낮의 실제 길이를 12등분을 하기 위해, 알-자자리는 낮의 길이에 맞춰 조정될 수 있는 유량 조절기 flow regulator를 이용했다. 이 장치가 그의 물시계를 '첫 프로그래밍이 가능한 아날로그 컴퓨터 the first programmable analogue computer'로 만들었다.

근대의 계산 도구

중세 후기에 유럽은 이슬람 문명을 통해 헬레니즘 문명의 유산을 받아들였다. 새로운 지식에 자극받아 유럽에서는 지적 부흥의 기운이 일었다. 르네상스 Renaissance, 문예부흥라 불리게 된 이런 움직임은 이슬람 세력의 지배를 받았던 스페인에서 먼저 일었고, 이어 이탈리아로 퍼졌다. 르네상스는 과학과 기술에 대한 새로운 접근을 불러와, 16세기엔 과학혁명 Scientific Revolution이 일어났다.[1]

이처럼 활발한 움직임들은 산업과 교역의 지속적 발전을 불렀다. 그리고 과학, 기술 및 상업의 발전은 계산의 필요를 폭발적으로 늘렸다. 당연히 많은 사람들이 점점 무거워지는 계산의 짐을 덜 길을 찾아 나섰다. 1614년에 영국 석학 존 네이피어 John Napier는 대수對數, logarithm를 이용하는 방식을 발표했다. 이로써 곱하기와 나누기가 숫자 대수들의 더하기와 빼기를 통해 이루어지게 되었다.

대수를 실제로 쓰는 것은 쉽지 않았다. 다행히 두 가지 혁신이 잇달아 등장해, 대수의 이용을 실제적인 것으로 만들었다. 1617년에 영국 수학자 헨리 브리그스 Henry Briggs는 밑을 10으로 삼는 상용대수 common logarithm의 표를 만들었다. 어려운 계산을 간편하게 만듦으로써 대수표는 과학과 기술의 발전, 특히 천문학, 측량 및 천체를 이용한 항해술에 크게 기여했다.

1620년에 영국 수학자 에드먼드 건터Edmund Gunter가 실수real numbers는 선 위의 거리로 표현될 수 있다는 점을 이용해서 대수눈금logarithmic scale이 새겨진 계산척을 만들었다. 1622년엔 영국 수학자 윌리엄 오트레드William Oughtred가 건터의 계산척 2개를 붙여서 지금의 계산척slide rule과 실질적으로 같은 도구를 만들어냈다.

이후 이 기계적 아날로그 컴퓨터는 과학자와 기술자들의 필수 도구가 되었다. 20세기 중엽까지도, 청진기가 의료 직업의 표상이듯, 계산척은 기술 직업의 표상이었다.

현대 문명이 발전하면서, 효율적인 기계 계산기의 필요성이 빠르게 커졌다. 그런 계산기를 성공적으로 개발한 사람은 위대한 프랑스 석학 블레즈 파스칼Blaise Pascal이었다. 그의 부친은 세금 징수원이어서

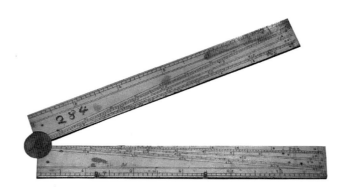

1620년 에드먼드 건터가 만든 계산척

1645년 블레즈 파스칼이 공개한 세계 최초의 계산기

계산을 많이 했다. 그는 부친의 짐을 덜어주기 위해서 더하기를 할 수 있는 기계의 설계에 착수했다.

착수한 지 3년 만인 1645년에 파스칼은 자신이 만든 계산 기계를 공개했다. 계산기의 입력 장치는 전화기의 로터리 다이얼처럼 생긴 바퀴였다. 그 바퀴들의 원주엔 0부터 9까지 숫자가 쓰여 있었다. 계산을 하는 톱니바퀴는 탑 시계나 수차에 쓰이는 것들을 조정해서 만들었다. 덕분에 튼튼해진 그의 계산기는 많은 작업을 수행할 수 있었다.

그 기계의 톱니바퀴는 한 방향으로만 돌게 되어 있어서, 더하기만 할 수 있었다. 빼기는 '9의 보수의 방식method of nine's complement'으로 할 수 있었다.[2] 곱하기와 나누기는 연속적 더하기와 빼기로 했다.

파스칼은 처음에 이 기계를 50대 만들었다. 그 뒤에 개량된 기계를 20대 더 만들었다. 그는 루이 14세로부터 특권을 얻어서 실질적 특허권을 보유했다. 이처럼 좋은 기계에 특허까지 얻었지만, 그는 이 위대한 발명으로부터 이득을 얻지 못했다. 그렇게 발전된 계산기에 대한 수요가 없었기 때문이었다. 기계식 계산기가 상업적으로 가능한 사회는 두 세기가 지나서야 나왔다.

곱하기와 나누기를 하는 계산기는 먼저 독일 석학 고트프리트 라이프니츠Gottfried Leibniz에 의해 시도되었다. 1673년에 그는 파스칼의 기계를 확장해서 곱하기와 나누기를 할 수 있는 목제 모형을 영국 왕립협회에 제출해 호평을 받았다. 그 뒤에 그는 황동으로 시제품을 제작했다. 그러나 당시 금속가공 기술로는 그의 정교한 기계를 제대로 만들기 어려웠고, 그는 상업적 계산기의 제작을 포기했다.

분석기관Analytical Engine

1819년 영국 석학 찰스 배비지Charles Babbage는 작은 기계적 계산기mechanical computer를 만들기 시작했다. 당시엔 이미 과학과 산업의 여러 분야에서 인쇄된 계산표가 필수였다. 계산표는 손으로 계산해서 만들었으므로 오류가 발생했다. 복사 오류는 문제를 더 키웠다. 그래서 배비지는 계산표 제작 과정 전부를 기계화한다는 목표를 세웠다.

1822년에 그는 그 작업을 끝내고 그 계산기에 '계차기관階差機關, Difference Engine'이란 이름을 붙였다.[3] 마침 영국 정부가 그의 연구에 관심을 가져서, 계차기관의 제작에 필요한 자금을 제공했다. 그러나 그는 이 '1호 계차기관'을 제작하는 데 실패했고, 1842년에 영국 정부는 이 계획을 포기했다.

실패의 근본적 원인은 당시의 금속가공 기술 수준이 낮아서 계차기관의 부품들을 요구된 정확도로 만들 수 없었기 때문이다. 배비지가 끊임없이 기계의 설계를 개선했다는 사실도 상황을 악화시켰다. 그런 개선은 제작을 지체시켰을 뿐 아니라 제작된 기계가 곧 낙후된 기계로 전락할 위험을 부각시켰다.

　이런 실패에도 배비지는 좌절하지 않고 1호 계차기관보다 개선된 2호 계차기관을 설계했다. 그러나 이번엔 필요한 자금을 마련할 수 없었다. 배비지의 탄생 200주년인 1981년에 런던 과학박물관Science Museum은 배비지의 도면에 따라 2호 계차기관을 제작했다. 그것은 19세기 기술로 달성할 수 있는 허용치에 따라 만들어졌는데, 제대로 작동되었다.

1822년 찰스 배비지가 발명한 기계적 계산기 '계차기관'

'1호 계차기관' 사업이 좌절되고 '2호 계차기관'의 설계에 들어가기 전에, 배비지는 범용 컴퓨터general purpose computer의 설계에 몰두했다. 대수표와 삼각함수표의 제작에 특화된 컴퓨터인 계차기관을 만들면서, 그는 훨씬 너른 분야에 쓰일 수 있는 컴퓨터가 가능하다는 것을 깨달은 것이었다.

그가 '분석기관'이라 부른 이 계산기는 네 부분으로 이루어졌다.

① **공장**mill 계산이 이루어지는 곳으로 현대 컴퓨터의 중앙처리장치CPU에 해당한다.

② **창고**store 자료가 처리 전에 저장되는 곳으로 현대의 기억장치 memory와 저장장치storage에 해당한다(기억장치는 자료가 일시적으로 보관되는 곳이고, 저장장치는 자료가 영구적으로 보관되는 곳이다). 창고는 50자리 숫자 1,000개를 저장하도록 되었는데, 이 용량은 1950년대 이전의 어떤 컴퓨터보다 컸다.

③ **독해장치**reader 펀치카드punch card에 담긴 정보를 읽어 입력하는 장치로 현대의 입력장치에 해당한다.[4]

④ **인쇄기**printer 처리된 자료를 인쇄하는 출력장치였다.

그리고 그는 분석기관에 쓸 프로그래밍 언어를 만들었는데, 이것은 현대 조립어assembly language와 비슷하다.

배비지가 죽고 7년 뒤인 1876년, 영국과학발전협회British Association for the Advancement of Science는 배비지의 분석기관을 "기계적 창의성으로 가득한 경이적인 작품"이라 평했다. 그러나 그들은 분석기관을 실제로 제작하는 것에는 반대했다. 엄청난 비용을 들여 만든 기계가 실제로 작동할지에 대해서는 그들도 확신하지 못했다.

만일 당시에 분석기관이 제작되었다면, 그 효과는 전반적이고 영속적이었을 것이다. 그것은 디지털이고, 범용이고, 프로그램이 가능하며, '튜링-완전한Turing-complete' 컴퓨터였을 터이다.[5] 자신의 설계대로 만들어진 기계는 없었지만, 배비지의 업적이 워낙 뛰어났으므로, 그는 '컴퓨터의 아버지'라 불린다.

튜링 기계Turing Machine

1900년에 파리에서 열린 국제수학회의International Congress of Mathematics에서 독일 수학자 다비트 힐베르트David Hilbert는 아직 풀리지 않은 수학 문제 23개의 목록을 발표했다. 그는 수학자들이 그것들을 풀어야 한다고 주장했다. 힐베르트가 이런 문제들을 제시함으로써 이루려한 것은 높은 이상이었다. 그는 모든 수학이 옳게 선정된 공리로부터 도출되도록 하면, 수학이 확실하고 완전한 논리적 바탕 위에 세워진다고 생각했다. 그의 호소는 수학자들의 큰 호응을 얻었고 수학 연구의 방향에 근본적인 영향을 미쳤다.

힐베르트는 23개의 문제 가운데 10번 문제가 가장 시급하다고 여겼다. 1928년에 힐베르트와 그의 제자 빌헬름 아커만Wilhelm Ackermann은 10번 문제를 다시 기술하고서 결정 문제Entscheidungsproblem, Decision

Problem라 불렸다. 이 문제는 어떤 진술을 입력input으로 삼아 그 진술이 보편적으로 타당한가 판단하여 '네Yes'나 '아니오No'로 답변하는 알고리즘을 찾는다.

1930년에 오스트리아 논리학자 쿠르트 괴델Kurt Gödel이 2개의 정리로 이루어진 불완전성 정리Incompleteness Theorems를 발표했다. 어떤 형식적 체계formal system가 지닐 수 있는 특질 가운데 주요 특질은 일관성과 완전성이다. '제1 불완전성 정리First Incompleteness Theorem'는 '만일 어떤 형식적 체계가 일관성이 있으면, 그것은 완전할 수 없다If a formal system is consistent, it cannot be complete'고 언명한다. '제2 불완전성 정리Second Incompleteness Theorem'는 '공리들의 일관성은 그것들 자체의 체계 안에선 증명될 수 없다The consistency of axioms cannot be proved within their own system'고 언명한다.

괴델의 불완전성 정리는 '수학적 진실'과 '공리들부터 도출될 가능성deductibility from axioms'을 동일시하는 태도에 결정적 타격을 주었다. 수학에 확실하고 완전한 논리적 바탕을 마련하려던 힐베르트의 열망도 그렇게 좌절되었다.

1935년엔 영국 수학자 앨런 튜링Alan Turing이 '결정 문제'에 도전했다. 그는 괴델의 모범을 따랐지만, 자신의 논지를 증명하기 위해 추상적 수학 기계를 사용했다. 1937년에 발표된 그의 선구적 논문 「계산할 수 있는 수에 대하여, 결정 문제에 적용하면서On Computable Numbers, with an Application to the Entscheidungsproblem」에서 그는 자신의 독창적 아이디어를 밝혔다.

먼저 그는 "'계산할 수 있는' 수는 십진법으로 나타냈을 때 유한한 수단으로 계산할 수 있는 실수라고 간략하게 기술될 수 있다 The 'computable' numbers may be described briefly as the real numbers whose expressions as a decimal are calculable by finite means"라고 설명했다.

기계 자체에 대해선, 1948년에 작성되었지만, 생전엔 발표되지 않았던 논문인 「지능을 지닌 기계 Intelligent Machinery」에서 한 설명이 훨씬 간명하다.

그것은 무한한 기억 용량을 가졌는데, 그런 기억 용량은 기호가 인쇄될 수 있는 네모 칸들이 그려진 무한한 테이프의 형태로 제공된다. 어떤 순간에 기계엔 하나의 기호만이 있다. 그것은 읽힌 기호 scanned symbol라 불린다. 기계는 읽힌 기호를 바꿀 수 있고, 그것의 행태는 부분적으로 그 기호에 의해 결정되지만, 테이프의 다른 곳들에 있는 기호들은 기계의 행태에 영향을 미치지 않는다. 그러나 테이프는 기계 속으로 앞뒤로 움직일 수 있으니, 이것은 기계의 기초적 움직임들 가운데 하나다. 따라서 테이프 위의 어떤 기호도 언젠가는 처리된다. 이런 기계들은 여기에선 '논리적 계산 기계 Logical Computing Machines: LCMs'라 불릴 것이다.

튜링이 '논리적 계산 기계 LCM'라 부른 이 추상적 기계는 뒤에 '튜링 기계'라 불리게 된다.

이어 튜링은 보다 보편적인 계산을 할 수 있는 기계를 만들 수 있다고 지적했다.

어떤 계산할 수 있는 수열sequence도 계산하는 데 쓰일 수 있는 단일 기계를 발명하는 것이 가능하다. 만일 이 기계 U가 어떤 계산 기계 M의 표준 기술standard description이 처머리에 쓰인 테이프를 제공받으면, 그러면 U는 M과 동일한 수열을 계산할 수 있을 것이다.

— 앨런 튜링, 「계산할 수 있는 수에 대하여, 결정 문제에 적용하면서」 중에서

이 보편적 계산 기계는 '보편적 튜링 기계universal Turing machine'라 불리게 된다. 튜링은 "보편적 기계의 중요성은 명백하다. 우리는 다른 일을 하는 다른 기계를 무한히 가질 필요가 없다. 한 대로 족할 것이다"라고 그 범용 기계의 이점을 지적했다.

자신의 추상적 기계를 증명에 쓰면서, 튜링은 '결정 문제'를 '정지 문제halting problem'로 바꾸었다. 만일 어떤 문제의 프로그램을 처리하는 튜링 기계가 작동을 멈추면, 그 문제는 풀릴 수 있다. 만일 그것이 영원히 작동한다면, 분명히 그 문제는 풀릴 수 없다.

그리고 튜링은 튜링 기계가 다루는 어떤 문제의 프로그램이 멈출지 아닐지 판단할 수 있는 보편적 알고리즘은 존재하지 않는다는 것을 보여주었다. 이렇게 해서 튜링은 '결정 문제'에 대한 답은 부정적이라는 것을 증명했다.

튜링 기계는 참으로 뛰어난 발명이었다.[6] 그리고 보기보다 더 실용적 발명이었다. 어떤 정리theorem가 기계의 모습을 한 것은, 비록 추상적 기계이긴 했지만 튜링 기계가 처음이었다. 그래서 그 정리는 사소한 변형만을 거쳐 실제로 기계가 될 수 있었다. 당연히 튜링 기계는

컴퓨터의 진화에 좋은 영향을 미쳤다.

특히 보편적 튜링 기계는 현대적 전자 컴퓨터에 이르는 길을 보여주었다. 어떤 튜링 기계도 다룰 수 있으므로, 보편적 튜링 기계는 본질적으로 저장된 프로그램을 갖춘 컴퓨터이다. 1945년에 헝가리 출신 미국 과학자 존 폰 노이만John von Neumann은 동료들과 함께 이 아이디어를 채용한 컴퓨터를 제안했다. '폰 노이만 구조von Neumann architecture'라 불리게 된 그것은 워낙 뛰어나서, 곧바로 현대 컴퓨터의 전형이 되었다.

전기기계 컴퓨터Electromechanical Computer

전쟁의 조짐이 뚜렷해진 1930년대 후반부터 여러 정부가 성능이 더 좋은 계산기를 찾기 시작했다. 이런 요구에 호응해서, 수학자와 공학자들이 새로운 계산기인 전기기계 컴퓨터를 개발했다. 이 기계는 계산을 수행하는 데 계전기relay를 썼다. 계전기는 전기로 작동되는 스위치로, 원래 전화 교환기에 쓰였는데 디지털 계산에 적합해 전기기계 컴퓨터에 사용되었다.

1937년에 MIT 대학원생 클로드 섀넌Claude Shannon은 불 개념들Boolean concepts에 바탕을 둔 교환 회로switching circuits를 설계하고 그 회로가 불 대수Boolean algebra가 풀 수 있는 모든 문제를 해결할 수 있음을 증명했다. 불 대수는 19세기 중엽에 영국 수학자 조지 불George Boole에

의해 창안되어 다른 수학자들에 의해 발전되었다.[7]

불 대수에서는 변수의 값이 진실 값truth value인 '진실'과 '거짓'이다 ('진실'과 '거짓'은 흔히 1과 0으로 표시된다). 불 대수의 주요 연산은 연언連言, conjunction: AND, 선언選言, disjunction: OR 및 부정否定, negation: NOT이다. 그 래서 불 대수는 논리적 연산을 기술한다.

하나 또는 그 이상의 2진수 입력들을 연산해서 단일 출력을 얻는 단위는 이제 로직 게이트logic gate, 논리 문라 불리고, 로직 게이트들로 이루어진 회로는 논리 회로logic circuit라 불린다. 섀넌의 혁신적 연구는 모든 전자 디지털 컴퓨터의 바탕이 되었다.

전기기계 컴퓨터의 발전에 가장 크게 기여한 사람은 독일 공학자 콘라트 추제Konrad Zuse였다. 항공기 공장에서 설계 기술자로 일하면 서, 그는 많은 일상적 계산을 손으로 해야 했다. 1935년에 그는 그 지 루한 작업을 기계화하기 위해 컴퓨터 제작에 나섰다.[8]

1938년에 그는 'Z1'을 제작했다. 이 기계는 2진법을 쓴 기계 계산 기binary mechanical calculator였는데, 입력은 펀치 셀룰로이드 필름punched celluloid film으로 했다. 그것은 불 논리Boolean logic와 이진법 부동소수점 방식binary floating-point numbers을 쓰고 자유롭게 프로그램을 할 수 있는 첫 컴퓨터였다.[9] 단 3년 만에 혼자서 이런 혁신적 기계를 발명해서 제 작했다는 사실은 추제의 안목과 재능에 대해 많은 것들을 말해준다.

추제는 Z1의 개량에 나서서, 1940년에 Z2를 제작했다. 이 기계는 산술논리장치arithmetic logic unit와 제어장치control unit에 600개의 계전기를 썼다. 추제는 이 기계를 독일항공연구소DVL에 제출했고 후속 계산기 Z3의 개발에 필요한 자금의 일부를 얻었다.

Z3는 1941년에 제작되었는데, 2,600개의 계전기를 썼다. 그것은 '첫 실용적인 프로그래밍이 가능하고 완전히 자동화된 디지털 컴퓨터the first working programmable, fully automatic digital computer'였다. '현대 컴퓨터의 발명자'라는 추제의 명성은 이 기계의 기능적 장점들과 역사적 중요성에 바탕을 두었다.

Z3가 가동되자, 추제는 곧바로 다음 세대 컴퓨터의 제작에 들어갔다. Z4의 제작은 전쟁 말기에 완결되었다. 기능에선 Z3와 비슷했지만, 능력에선 크게 향상되었다. 이 기계는 1949년에 스위스 취리히

콘라트 추제가 2차 세계대전 말기에 완성한 컴퓨터 Z4

연방 공과대학교ETH Zurich의 응용수학연구소에 매각되었다.[10]

전자 컴퓨터 Electric Computer

1930년대에 전화 계전기는 로직 게이트를 위한 논리적 선택이었다. 그것은 쉽게 구할 수 있고 믿음직스러웠다. 그러나 부피가 크고 느렸다. 진공관vacuum tube이 출현하자, 계전기는 빠르게 진공관으로 대체되었다.

진공관은 고진공high vacuum 상태에서 두 전극 사이의 전류 흐름을 제어하는 장치다. 20세기 전반에 진공관은 전기회로의 핵심적 요소가 되었고 라디오, 텔레비전, 레이더, 녹음, 장거리 전화망 등에서 긴요한 역할을 했다.

1943년 영국 우편국에서 일하던 공학자 토미 플라워스Tommy Flowers는 독일군 암호를 해독할 장치로 보다 발전된 계산기를 제안했다. 이 계산기의 핵심은 1,800개의 진공관으로 이루어진 전자 체계였다. 그의 팀이 11개월에 걸쳐 만든 콜로서스 마크Colossus Mark 1은 종전의 전기기계식 컴퓨터보다 5배나 빨랐다. 이 기계는 '첫 프로그래밍이 가능한 전자 디지털 컴퓨터 the first programmable, electronic, digital computer'였다.

이 시기에 미국에선 거대한 에니악Electronic Numerical Integrator and Computer: ENIAC이 나왔다. 미국 육군이 주문하고 펜실베이니아 대학이 주관한 이 기계는 존 모클리John Mauchly와 프레스퍼 에커트Presper Eckert가 이끄는 팀이 설계했다. 이 기계는 1만 8,000개의 진공관을 포함했고 27톤이 넘었다. 종전의 전기기계 컴퓨터들보다 1,000배나 빨랐던 이 거대한 기계는 '첫 프로그래밍이 가능한 전자 범용 디지털 컴퓨터 the first programmable, electronic, general purpose digital computer'였다.

원래 1943년에 대포들의 사격 제원을 산출하는 사표firing table의 제작을 위해 제작되었던 에니악은 전쟁이 끝난 뒤에야 가동되었지만, 첫 과제가 수소탄 개발에 필요한 계산이었으니 오히려 기대보다 훨씬 큰 몫을 한 셈이다.

에니악은 대중매체에 의해 '거대한 두뇌Giant Brain'라 불렸고, 이내 사람들의 마음을 사로잡았다. 뛰어난 성능을 통해 에니악은 진공관 계산기의 진화에 큰 운동량을 제공했다. 그래서 진공관 계산기들은 '제1세대 컴퓨터 the first generation computers'라 불렸다.[11]

1943년 만들어진 제1세대 컴퓨터 '에니악'

트랜지스터 컴퓨터Transistorized Computer

1947년에 미국 벨 연구소Bell Labs의 존 바딘John Bardeen과 월터 브래틴 Walter Brattain이 윌리엄 쇼클리William Shockley의 지도 아래 첫 실용적 트 랜지스터transistor를 만들었다. 트랜지스터는 전자 신호나 전력을 증폭 시키거나 바꾸는 데 쓰이는 반도체semiconductor다('trans'와 'resistor'를 합성 해서 만들어진 데서 그런 사정을 엿볼 수 있다). 트랜지스터는 전자 분야의 모습 을 근본적으로 바꾼 발명이었다. 그 점을 인정해서, 노벨상 위원회는 1956년에 세 사람에게 노벨 물리학상을 수여했다.[12]

트랜지스터는 전자 산업을 혁명적으로 바꾸었다. 진공관과 비교하 면, 트랜지스터는 일반적으로 작고, 더 오래가고, 전력이 덜 들고, 훨 씬 싸다. 가장 많이 쓰인 트랜지스터는 모스펫metal-oxide-semiconductor field-effect transistor: MOSFET인데, 확장성이 뛰어나고 전력 소비가 적으며 소형화와 대량생산이 가능하다. 그런 장점들과 전자 컴퓨터의 경이 적인 발전에 힘입어, 모스펫은 역사상 가장 많이 제조된 장치가 되었 다. 모스펫은 1959년 벨 연구소의 모하메드 아탈라Mohamed Atalla와 강 대원Dawon Kahng에 의해 발명되었다.[13]

트랜지스터의 혁명적 영향이 가장 두드러진 분야는 컴퓨터였다. 1953년, 영국 맨체스터 대학의 톰 킬번Tom Kilburn이 이끄는 팀이 트랜 지스터 컴퓨터를 만들었다. 이어 성능이 향상된 기계들이 나왔다. 이 런 트랜지스터 컴퓨터들은 '제2세대 컴퓨터the second generation computers'

라 불렸다.

1955년에 IBM은 IBM 608을 개발했음을 알리고 두 해 뒤부터 출하를 시작했다. 이 기계는 '첫 상업적으로 제작된 완전한 트랜지스터 컴퓨터the first commercial fully-transistorized computer'였다. 1959년에 IBM은 성능이 향상된 트랜지스터 컴퓨터 IBM 1401을 출하했다. 이 기계는 인기가 높아 무려 1만 2,000대나 팔렸고 '컴퓨터 산업의 포드 모델 T Model-T Ford'라는 찬사를 받았다.

'메인프레임컴퓨터mainframe computer'라 불리게 된 이 대형 컴퓨터는 큰 기관과 회사에서 다량의 자료를 처리하는 데 쓰였다. 이전에는 주로 정부 기관이 컴퓨터를 많이 썼었다. 트랜지스터 컴퓨터의 등장이 컴퓨터 시장을 창조한 셈이다.

제2세대 컴퓨터의 대표격인 IBM 1401 시스템을 재현한
캘리포니아 컴퓨터 역사박물관 전시실

집적회로 컴퓨터 IC Computer

트랜지스터는 보다 향상된 전자회로를 만드는 것을 가능하게 했다. 그러나 부품의 부피가 늘어나자, 전기신호가 전자회로를 통과하는 시간도 늘어났다. 컴퓨터의 처리 속도를 늘리려면, 회로의 크기를 줄여야만 했다.

1952년에 영국 전기공학자 제프리 더머 Geoffrey Dummer가 언명했다.

트랜지스터의 출현과 반도체에 관한 전반적 연구를 고려하면, 이제는 연결선 없이 한 덩어리가 된 전자 장비를 그려볼 수 있다. 그 덩어리는 절연, 전도, 정류 및 증폭하는 물질들의 층들로 이루어질 수 있는데, 전자적 기능들은 각 층의 부위들을 파내서 직접 연결될 수 있을 것이다.

자신의 주장을 증명하려고, 그는 그런 장비의 모형을 실제로 만들었다. 이 장비는 뒤에 집적회로 integrated circuit: IC라 불리게 되었다. 그리고 그의 선견지명을 기리는 뜻에서, 더머는 '집적회로의 예언자 the prophet of the integrated circuit'라 불렸다.

마침내 1958년, 텍사스 인스트루먼트사 Texas Instrument의 전기 공학자 잭 킬비 Jack Kilby가 '전자회로의 모든 부품들이 완전히 집적된 반도체 물질의 물체'를 발명했다. 이 발명품은 6년 전에 더머가 예언한 모습과 아주 비슷했다. 이 집적회로 제품의 첫 고객은 미 공군이었다. 킬비는 집적회로의 발명으로 2000년에 노벨 물리학상을 받았다.

그러나 킬비의 발명품은 외부와 전선들이 연결된 혼종hybrid 집적회로였다. 이런 형태는 대량생산을 어렵게 만들었다. 킬비의 집적회로가 나오고 몇 달 지나지 않아, 미국 물리학자이자 기업가인 로버트 노이스Robert Noyce가 진정한 일체형monolithic 집적회로를 만들었다. 이 집적회로는 얇은 실리콘 조각chip에 모든 부품을 얹고 구리 선으로 연결한 것이었다. 이후 집적회로는 노이스의 일체형을 따라 만들어졌다.

집적회로 칩을 논리 회로의 바탕으로 삼은 디지털 전자 컴퓨터는 '제3세대 컴퓨터the third generation computers'라 불렸다. 그 기계들은 앞선 두 세대보다 훨씬 작고, 빠르고, 튼튼하고, 유지하기 쉬웠다. 자연히, 제3세대 컴퓨터는 빠르게 퍼졌다. 사람들의 사랑을 받아 전설적 성공을 누린 IBM 시스템System 360은 이 세대를 대표한다.

초소형 처리장치 컴퓨터Microprocessor Computers

1965년에 미국 화학자이자 기업가인 고든 무어Gordon Moore는 집적회로당 부품의 수가 해마다 곱절로 증가해왔음을 지적했다. 그리고 이런 추세는 적어도 10년 동안 이어질 것이라고 예언했다. 1975년에 그는 그런 증가율이 1980년 이후엔 느려져서 매 2년마다 곱절이 되리라고 예언했다. 무어의 예언은 몇십 년 동안 정확히 들어맞았고 반도체 산업의 장기 계획에 좋은 안내자 노릇을 했다. 그래서 그의 예언은 '무어의 법칙Moore's Law'이라 불리게 되었다.

무어의 법칙은 역사적 추세에 바탕을 둔 예측이다. 자연법칙이 아니다. 그런 예측이 그렇게 오랫동안 그토록 정확하게 들어맞았다는 것은 주목할 만하다. 집적회로 기술의 이처럼 놀라운 성공엔 두 가지 요소가 크게 기여했다. 하나는 트랜지스터의 밀도를 지수함수적으로 늘린 컴퓨터 기술의 빠른 발전이었다. 다른 하나는 그런 기술적 발전을 떠받칠 만큼 크고 지속적인 투자였다. 그런 투자는 지속적인 생산성의 향상에 의해 정당화되었다. 연구 개발에 대한 투자, 향상된 기술 그리고 생산성의 향상으로 이루어진 선순환이 나오자, 규모의 경제가 작동해서 혁신과 생산의 속도를 가속시켰다. 그렇게 해서 무어의 법칙이 예측한 성공이 실현된 것이었다.

1960년대 말엽엔 칩 1개에 트랜지스터 수백 개가 탑재되었다. '대규모 집적large-scale integration: LSI'이라 불린 이런 성취는 칩 1개에 전자회로의 다른 부품을 탑재하려는 시도로 이어졌다. 마침내 1970년대 초, 중앙처리장치central processing unit: CPU가 칩 1개에 탑재된 초소형 처리장치microprocessor가 등장했다.

마이크로프로세서는 판을 바꾸는 혁신이었다. 전기회로들이 적어져 튼튼했고 대량생산이 가능했다. 마이크로프로세서의 성능이 빠르게 향상되자, 다른 형태의 CPU들은 사라졌다. 이처럼 마이크로프로세서를 이용한 컴퓨터들은 '제4세대 컴퓨터the fourth generation computers'라 불린다.

컴퓨터의 역사를 요약하면, 다음과 같다.[14]

제0세대	전기기계 컴퓨터 electromechanical computers	1938년
제1세대	전자 컴퓨터 electronic computers	1943년
제2세대	트랜지스터 컴퓨터 transistorized computers	1953년
제3세대	집적회로 컴퓨터 IC computers	1958년
제4세대	마이크로프로세서 컴퓨터 microprocessor computers	1971년

소형화 추세

기술이 발전하면, 기계의 몸집은 줄어들게 마련이다. 기술혁신이 지속적인 컴퓨터에서는 그런 경향이 유난히 두드러졌고, 트랜지스터의 발명은 이런 추세를 더욱 강화했다. 특히 집적회로와 마이크로프로세서의 출현은 국가나 대기업만이 누리던 컴퓨터를 개인이 누릴 수 있도록 만들었다.

먼저 나온 것은 미니컴퓨터 minicomputer였다. 중소 제조기업들과 연구 집단들을 위해 설계되어 제어, 기계 조종, 통신과 같은 기능들에 사용되었다. 미니컴퓨터는 컴퓨터를 이용한 설계 computer-aided design: CAD와 제조 computer-aided manufacture: CAM의 보급에 크게 기여했다.

소형화가 더욱 진행되자, 개인용 컴퓨터 personal computer: PC가 등장했다. PC는 컴퓨터 시장을 뒤흔들었고 사람들의 삶의 모습을 근본적으로 바꾸어놓았다.[15] 첫 PC는 탁상용 desktop이었다. 인텔 Intel의 하드웨어와 마이크로소프트 Microsoft의 운영 체계(처음엔 MS-DOS, 뒤에는 마이크로소프트 윈도우 Windows)로 이루어진 기계들이 PC 시장을 장악했다. 이어 소형화 추세는 랩탑Laptop, 노트북Notebook 그리고 태블릿Tablet을 낳았다.

PC의 빠른 싱상에서 가장 중요한 발전은 스마트폰smartphone의 출현이다. 그것은 1973년에 모토로라Motorola의 휴대전화mobile phone로 시작되었다. 2kg이나 나갔던 이 휴대전화는 문자 전송, 이메일, 인터넷 접근, 디지털 사진 촬영과 같은 기능을 지닌 피처폰feature phone으로 진화하더니, PDApersonal digital assistant와 결합해서 스마트폰으로 변신했다. 그사이에 그것의 계산 능력은 빠르게 증가해서, 이제는 1980년대의 슈퍼컴퓨터보다 빠르다.

컴퓨터의 진화에서 뚜렷한 추세는 정보처리의 분산이다. 전자 컴퓨터가 처음 나왔을 때, 그것들은 정부가 만들어서 썼다. 그다음엔 대기업이 그것들을 사서 썼다. 이제 모든 사람이 온 세계와 연결된 스마트폰으로 정보를 처리하면서 살아간다.

그런 정보처리의 분산 덕분에 정보의 총량은 폭발적으로 늘어났고, 세계는 범지구적 마을global village이 되었다. 다섯 세기 전에 해외 교역으로 시작된 범지구화globalization는 모든 곳에서 서로 연결된 스마트폰들에 의해 완결되었다.

인터넷Internet

인터넷은 서로 연결된 범지구적 컴퓨터 망computer network을 말한다.

그것은 1969년에 두 망 꼭지network nodes를 연결한 아르파넷ARPANET
으로 시작되었다. 2023년엔 세계 인구의 65.7%가 인터넷 이용자였
다. 이 경이적인 성공은 계속 이어질 것이고 그 과정에서 세상의 모습
을 지속적으로 바꿀 것이다.

인터넷의 그처럼 빠른 성장은 자연스럽게 인류 사회가 움직이는 방
식을 바꾸었다. 종이 편지를 사라지게 만든 전자 편지e-mail는 이런 변
화를 상징한다. 통신과 정보처리는 점점 다양하고 빠르고 값싸고 안
전하게 되었다. 덕분에 인류 사회의 피륙은 AI의 출현 이전보다 훨씬
질기면서도 유연해졌다.

인터넷의 훌륭한 특질들 가운데 하나는 접근과 이용에 관한 기술적
조치나 정책에서 단일화된 중앙집중적 지배 구조를 지니지 않는다
는 점이다. 인터넷이 범지구적 망global network으로 성장하는 과정에서,
핵심 규약들의 기술적 바탕과 표준화는 느슨하게 연결된 국제적 참
가자들의 비영리 조직인 IETFInternet Engineering Task Force에 의해 유지되
었고, 주요 명칭 공간name spaces의 경영은 인터넷 공동체들에서 뽑힌
이사들이 관리하는 아이칸Internet Corporation for Assigned Names and Numbers:
ICANN에 맡겨졌다.

PC와 스마트폰의 보급으로 개인들의 정보 처리가 활발해지면서,
자연스럽게 사물 인터넷Internet of Things: IoT이 진화했다. IoT는 인터넷
으로 연결된 물체들의 망을 가리킨다. 처음으로 인터넷과 연결된 도
구는 1982년에 카네기멜론 대학에 설치된 코카콜라 자동판매기였는
데, 그것은 재고 현황과 새로 투입된 음료의 온도를 본사에 보고할 수

있었다.

이제 IoT는 널리 퍼졌고 점점 빠르게 확산하고 있다. 두드러진 분야는 아래와 같다.

① **소비자** 스마트 홈, 장애인 돌봄 등.

② **조작** 의료 및 건강 돌봄, 운송, 차량 통신, 건물 관리 등.

③ **산업** 제조업, 농업, 어류 양식업 등.

④ **사회 기반시설**infrastructure 스마트 도시, 도로 및 수로 관리, 에너지 관리, 환경 감시 등.

⑤ **군사** 정찰, 표적 인식, 장비 및 시설 관리 등.

인터넷의 발전은 '클라우드 컴퓨팅cloud computing'의 번창도 불러왔다. '클라우드cloud'란 말은 이미 1993년에 '널리 분산된 계산을 위한 플랫폼'이라는 뜻으로 쓰였다. 어떤 뜻에선 클라우드 컴퓨팅이란 개념이 인터넷에 내재한다고 볼 수 있다.

그러나 클라우드 컴퓨팅이 보급되려면, 슈퍼컴퓨터가 먼저 보급되어야만 했다. 실제로, 클라우드 컴퓨팅이 북돋운 것은 슈퍼컴퓨터의 능력을 널리 보급하는 '분배된 슈퍼컴퓨터distributed supercomputer'를 이루려는 노력이었다.

슈퍼컴퓨터는 높은 수준의 계산을 할 수 있는 컴퓨터다. 그 점에서 상거래와 같은 어렵지 않지만 방대한 자료를 처리하는 메인프레임mainframe과 변별된다. 즉 '용량 계산capacity computing' 대신 '능력 계산capability computing'에서 최대한의 성적을 올리려 애쓴다. 능력 계산은 전형적으로 하나의 거대한 문제를 최단 시간에 풀려고 애쓰는 작업이다. 그래서 슈퍼컴퓨터는 '계산적으로 집약적인 과제computationally intensive tasks' — 암호 해독, 일기 예보 그리고 과학적 모의실험simulations 과 같은 과제들 — 를 다룬다.

다행히 1960년대에 미국 발명가 세이모어 크레이Seymour Cray가 설계한 슈퍼컴퓨터를 컨트롤 데이터 사Control Data Corporation: CDC가 제작해서 큰 상업적 성공을 거두었다. 마이크로프로세서가 점점 강력해지고 저렴해지자, 대규모 병렬처리 구조를 갖춘 슈퍼컴퓨터들이 따라서 발전했다.[16]

이처럼 정보처리가 늘어나는 과정에서 발생하는 장애 요소는 전력의 부족이다. 이미 전력 부족은 심각한 상황이다. 정보처리 산업의 발전은 이 문제의 해결에 영향을 많이 받을 수밖에 없다.[17]

디지털 플랫폼Digital Platform

위에서 살핀 것처럼, 인터넷은 인류가 정보를 처리하는 방식에서 혁명적 변화를 불러왔고 이전에는 상상하기도 어려웠던 함의를 품고 있다. 사물 인터넷과 클라우드 컴퓨팅은 두드러진 사례다.

이 두 기술에 못지않은 중요성을 지닌 또 하나의 함의는 디지털 플랫폼이다. 이것은 사회적 정보처리를 조직하는 데서 새로운 설계 공간design space을 열었다. 구글Google과 페이스북Facebook과 같은 번창하는 기업들이 이 점을 잘 보여준다.

플랫폼은 원래 '평평한 표면'을 뜻했다. 그러다 차츰 어떤 사물을 지칭하게 되어서, 두내, 강단, 승강장과 같은 구조물들을 가리키게 되었고, 마침내 정당의 정강과 같은 추상적 사물까지 품게 되었다.[18]

디지털 플랫폼은 '사용자들의 교섭과 거래를 돕는 온라인 기반시설online infrastructure'이다. 자연히, 그곳은 사람들이 자신의 활동을 조직하는 일에서 점점 큰 몫을 하게 된다. 여기서 주목할 점은 정부와 시민들이 플랫폼으로 기능하기 시작했다는 사실이다.

원래 정부의 핵심적 기능은 정보처리다. 따라서 정부의 주요 생산품도 정보다. 그리고 정부가 생산한 정보는 시민들의 정보처리의 바탕이 된다. 물질적 활동은 주로 민간 부문, 즉 시장에서 수행한다. 생산자는 생산하고 소비자는 소비한다. 컴퓨터의 발전과 정보처리 기술의 확산은 정부를 디지털 플랫폼으로 빠르게 바꾸었다. 이미 디지털 플랫폼으로서의 성적은 정부에 대한 평가에 결정적 영향을 미친다.

개인이 디지털 플랫폼이 되었다는 사실도 중요하다. 이제는 누구나 디지털 기기를 통해서 바깥 세상과 교섭한다. 당연히 자신의 디지털 플랫폼을 구축하고 활용하는 솜씨는 개인의 사회적 성적에 점점 큰 영향을 미친다. 나이 많은 시민들의 '디지털 문맹digital illiteracy'이 어느 사회에서나 큰 사회문제가 되었다는 사실이 이 점을 아프게 일깨워준다.

양자 컴퓨터Quantum Computer

경제가 성장하고 과학과 기술이 발전하면서, 보다 나은 컴퓨터에 대한 필요는 점점 커진다. 1950년대에 제2세대 컴퓨터가 나온 뒤, 컴퓨터들은 본질적으로 같은 기술을 쓰고 있다. 제4세대 컴퓨터도 여전히 트랜지스터를 쓴다. 실은 트랜지스터도 여전히 모스펫을 쓴다.

혁명적으로 기능이 향상된 컴퓨터를 찾는 노력은 그래서 계속 이어진다. 여러 아이디어 가운데 다음의 세 가지가 가능성이 있는 것으로 판정되었다.

① 광자photon를 이용하는 광학 컴퓨터optical computers
② 단백질이나 DNA를 이용하는 생물학적 컴퓨터biological computers
③ 양자적 현상을 이용하는 양자 컴퓨터quantum computers

이중 가장 전망이 밝은 것은 양자 컴퓨터다. 1959년에 미국 물리학자 리처드 파인만Richard Feynman은 양자 효과를 계산에 쓸 수 있다고 지적했다. 이어 1981년엔 양자 컴퓨터를 개발해야 한다고 역설했다.

자연은 고전적이지 않다, 제기랄. 만일 당신이 자연을 모의실험simulation하고 싶으면, 그것을 양자역학적으로 해야 한다. 그리고, 맙소사, 그것은 멋진 문제니 그렇게 쉬워 보이지 않는다.

파인만의 얘기에 대해, 찰스 베넷은 다음과 같이 논평했다.

파인만의 통찰은 양자 체계는 어떤 뜻에선 늘 자신의 미래를 계산한다는 것이었다. 당신은 그것이 자신의 동역학의 아날로그 컴퓨터라고 말할 수 있다.

양자 컴퓨터는 중첩superposition과 얽힘entanglement이라는 양자 현상에 의존한다. 중첩은 동시에 여러 상태에 있을 수 있는 양자 체계의 특질을 가리킨다.[19]

얽힘은 아원자 입자들subatomic particles의 조합이 지니는 특질인데, 한 입자의 양자적 특질이 공간적 분리에도 불구하고 다른 입자의 동등한 특질과 직접적으로 그리고 즉시적으로 상관관계를 지니는 현상을 가리킨다. 그래서 얽힘은 어떤 양자 물체가 그 물체에 온전히 자리 잡지 않은 특질을 지닌다는 것을 뜻한다. 우리의 직관에 어긋나는 현상인 얽힘 덕분에, 양자 컴퓨터의 단위인 큐비트quantum bit: qubit가 병렬로 작업할 수 있다.

이런 사실들은 양자 컴퓨터를 고전적 컴퓨터와 근본적으로 다른 기계로 만든다. 고전적 컴퓨터의 기억은 비트bit들로 이루어지며, 각 비트는 '0'이나 '1'로 표시된다. 그러나 양자 컴퓨터는 큐비트 수열 sequence of qubits을 유지하는데, 그런 수열은 0, 1 또는 그 두 큐비트 상태의 어떤 중첩을 표시할 수 있다. 그래서 n큐비트를 갖춘 양자 컴퓨터는 2^n개에 이르는 다른 상태를 동시에 중첩으로 지니게 된다. 이런 사정이 양자 컴퓨터를 강력하게 만든다.

그러나 큐비트를 얻고 유지하는 것이 무척 힘들다. 큐비트는 열 잡음thermal noise이 불러들이는 오류를 최소한으로 줄일 수 있는 초저온 상태에서만 제대로 기능한다. 그런 이유로, 양자 계산의 이론은 이미 발전되었지만 양자 컴퓨터를 실제로 만들어서 운영하는 일은 아직도 어렵다.

2018년, 구글 양자인공지능연구소Google Quantum AI Lab는 72큐비트 '브리슬콘Bristlecone'을 발표했다. 이 기계는 '양자 우위Quantum Supremacy'를 이룰 만큼 강력하다. '양자 우위'는 고전 컴퓨터로서는 현실적 시간대에서 풀 수 없는 과제를 양자 컴퓨터는 풀 수 있는 상황을 뜻한다. 컴퓨터 산업계에선, 양자 컴퓨터가 49큐비트를 넘으면, 양자 우위가 이루어지리라고 본다. 그렇기 때문에, 예측 가능한 미래에 양자 컴퓨터는 아마존 웹서비스Amazon Web Services: AWS, 구글, 마이크로소프트, IBM과 같은 거대한 기술 회사들이 운영하는 계산 클라우드computing cloud에 주로 쓰일 것이다.[20]

주

1 16세기와 17세기에 걸쳐 유럽에신 과학 분야에 있어 극적 변화가 일어났다. 과학에 대해 새로운 태도를 지닌 과학자들은 추상적 추론, 수학을 이용한 양적 사고, 자연의 움직임에 대한 이해, 자연이 본질적으로 기계라는 관점, 실험을 중요하게 여기는 방법론을 중시했다. 이런 태도는 오랫동안 정설의 자리를 차지했던 그리스 문명의 과학적 태도를 대체했다.

이런 변혁은 코페르니쿠스Nicolaus Copernicus의 「천체들의 회전에 대하여」가 나온 1543년에 시작해서 뉴턴Isaac Newton의 「자연 철학의 수학적 원리」가 발표된 1687년에 절정을 이루었다. 그런 변혁은 유럽에서 근대적 과학이 발전하도록 도왔고 유럽 문명이 다른 문명들을 밀어내고 온 세계의 지배적 전통으로 자리 잡도록 했다.

20세기 프랑스 철학자 알렉상드르 쿠아레Alexandre Koyré는 이런 변혁의 혁명적 성격을 지적했고, 그 뒤로 '과학혁명'이란 명칭이 널리 쓰였다. 이제는 과학혁명이 그것에 앞선 르네상스나 종교개혁 Reformation보다 역사적으로 더 중요한 사건이었다는 주장이 널리 받아들여진다.

2 '9의 보수의 방식'에서, 어떤 숫자의 '9의 보수'는 9를 만들기 위해 더해야 하는 수를 가리킨다. 이 방식으로 빼기를 하는 길은 두 가지가 있다. 보다 간단한 방식의 예를 들면, 아래와 같다.

과제는 '864-531'이다.
X는 피감수minuend 864를 나타낸다.
Y는 감수subtrahend 531을 나타낸다.
따라서 과제는 'X-Y'로 표현할 수 있다.

① 피감수(X)의 보수를 찾는다.

999-X=135

② 피감수의 보수(135)를 감수(Y) 531에 더한다.

135+531=666

이것은 '(999-X)+Y=666'을 뜻한다.

③ 합계(666)의 보수를 찾는다.

999-666=333

이것은 '999-[(999-X)+Y]=333을 뜻한다.

④ 위의 수식을 정리한다.

999-(999-X+Y)=333

X-Y=333

⑤ 원래 과제가 'X-Y'였으므로, 과제는 수행되었다. 찾는 답은 333
이다.

3   배비지의 계산기는 다항식多項式, polynomial의 내삽内揷, interpolation에 '분
할 차이 방식divided differences method'을 썼다.

다항식은 변수와 계수로 이루어지고, 변수의 지수들은 모두 양의 정
수이고, 연산에선 더하기, 빼기, 곱하기만을 포함하는 수학적 표현
을 가리킨다. 예를 들면, x^3+5xyz^2-yz+8은 다항식이다.

내삽은 수치들의 계열에서 두 알려진 수치 사이의 어떤 가치를 개략
적으로 계산하는 것이다.

분할 차이 방식은 대수표와 삼각함수표의 작성에 전통적으로 사용
되어왔다. 그런 사정을 반영해서, 배비지는 자신의 계산기에 계차기
관이란 이름을 붙인 것이었다.

4   펀치 카드는 원래 'punched card'로 불렸으나, 차츰 'punch card'
로 바뀌었다. 'Iced cream'이 'ice cream'으로 바뀐 것과 같다. 펀치
카드로 자료를 입력하는 방식을 배비지는 프랑스 기업가 조제프 마

리 자카르Joseph Marie Jacquard가 19세기 초엽에 발명한 자카르 직기 Jacquard loom에서 배웠다. 펀치 카드엔 여러 줄의 구멍이 나 있어서 브로케이드brocade, 디마스크damask, 마텔라세matelassé와 같은 복잡한 패턴을 지닌 직물을 짜는 데 필요한 정보를 담았다. 이런 카드들을 연결하면, 복잡한 패턴을 지닌 직물을 짜는 과정이 단순해졌다. 펀치 카드로 자료를 입력하는 방식은 중요한 혁신이었다. 초기 컴퓨터는 구멍을 뚫은 종이테이프로 입력되었다. 이런 펀치 카드는 1980년대 중반까지도 사용되었다.

5 튜링 완전성Turing completeness은 계산 가능성computability에 관한 개념이다. 모든 튜링 기계로 계산할 수 있는 함수를 이론적으로는 모두 다룰 수 있을 때, 어떤 계산 체계는 '튜링-완전하다Turing-complete'라고 평가된다. 튜링 기계는 영국 수학자 앨런 튜링이 고안한 추상적 수학 기계로 컴퓨터의 원형이라 할 수 있다. 현재 거의 모든 컴퓨터 언어는 '튜링-완전'하다.

6 튜링 기계는 들여다볼수록 멋진 기계다. 그것이 이 지구에 맨 먼저 나타난 기계라는 사실을 고려하면, 튜링의 발명이 지닌 뜻엔 새로운 차원이 더해진다.

찰스 베넷Charles Bennett은 1960년대에 브랜다이스와 하버드에서 화학을 공부했다. 당시 제임스 왓슨James Watson이 하버드에서 유전 부호genetic code를 가르쳤는데, 베넷은 한 해 동안 그의 조교로 일했다. […] 어떤 시기에 베넷은 특별한 목적에 쓰이는 튜링 기계를 이미 자연이 찾아냈다는 것을 깨달았다. 바로 RNA 중합효소RNA polymerase: RNAP였다. 그는 중합효소에 대해서 직접 왓슨으로부터 배웠다. 그것은 유전자, 즉 '테이프'를 따라 기어가면서 DNA를 전사transcription하는 효소다. 그것은 좌우로 움직인다; 그것의 논리적 상태는 수열에 써진 화학적 정보에 따라 바뀐다. 그리고 그것의 열역학적 행태는 측정될 수 있다.

— 제임스 글릭James Gleick, 『정보The Information』 중에서

RNAP는 1960년에 발견되었다. 그것은 DNA 주형template(전사되는 DNA 가닥)으로부터 RNA 염기서열sequence을 합성하는 효소다. 그런 합성은 전사라 불린다. RNAP에 의해 만들어지는 RNA 서열은 두 종류다. 하나는 전령 RNAmessenger RNA: mRNA로, 단백질 합성에 필요한 유전 정보를 유전자 DNA에서 세포의 단백질 합성 기계에 전달한다. 다른 하나는 부호 없는 RNA 계열인데, 종류가 무척 다양하고 나름으로 중요한 기능들을 수행한다.

RNAP는 240만 개나 되는 뉴클레오타이드nucleotide[핵산(nucleic acid)의 기본 단위]의 연쇄를 만들 수 있다. RNAP가 생명 현상의 본질적 부분이므로, 그것은 모든 생명체에게 필요하고 많은 바이러스 종에서도 발견된다.

7 섀넌이 불 대수를 이용해서 교환 회로를 설계하기 몇 해 앞서, 일본에선 젊은 전기 공학자 나카시마 아키라中嶋章가 섀넌의 연구와 실질적으로 같은 연구를 수행했다. 그리고 1934년부터 1936년에 걸쳐 기술 잡지들에 연구 결과를 발표했다. 이 과정에서 나카시마는 혼자서 불 대수를 재발견했지만, 안타깝게도 언어 장벽은 그의 연구가 서방에 알려지는 것을 가로막았다.

8 컴퓨터의 발전에 결정적 기여를 한 선구자들은 거의 다 수학자였다. 파스칼, 라이프니츠, 배비지, 마리안 레예프스키Marian Rejewski*, 튜링, 폰 노이만 등. 추제는 드문 예외로 원래 토목 공학자였다. 아마도 그래서 그는 실제로 창의적인 컴퓨터를 만들었고 상업적으로도 성공했을 것이다.

게다가 추제는 지적으로도 고립된 상황에서 일했다. 1935년에 그가

베를린공과대학을 졸업했을 때, 나치가 독일을 장악했다. 나치의 유대인 박해와 학자들의 해외 탈출로 독일의 지적 사회는 갑자기 황무지가 되었다. 자연히, 그는 컴퓨터의 개발에서 앞선 영국과 미국의 지적 조류로부터 거의 완전히 차단된 상태에서 혼자 암중모색을 해야만 했다. 예컨대, 그는 튜링의 업적을 알지 못했다. 그래도 그는 1937년에 '폰 노이만 구조'를 예시豫示하는 '저장된 프로그램 컴퓨터 stored-program computer'의 특허를 출원했다. 그리고 섀넌이 불 대수에 바탕을 둔 교환 회로에 관한 논문을 발표하기 전에, 추제는 이미 그것을 자신의 컴퓨터에 썼다.

거꾸로, 제2차 세계대전이 끝날 때까지 추제의 업적은 영국과 미국에 알려지지 않았다. 그래서 그의 업적이 제대로 알려지는 데는 긴 시간이 걸렸다. 이런 사정은 나카시마 아키라의 경우와 비슷하다.

* 전기기계 컴퓨터를 만들려는 노력은 영국에서 가장 뜨거웠다. 나치 독일의 군사적 위협에 직면한 터라, 영국 첩보기구인 GC&CSGovernment Code and Cypher School는 독일의 군사 암호를 해독하려 애썼다. 그리고 전기기계 컴퓨터는 그런 노력에서 중심적 역할을 하게 된다.

그러나 전기기계 컴퓨터가 처음으로 암호 해독에 쓰인 곳은 독일의 이웃으로 늘 독일에게 군사적 위협을 받아온 폴란드였다. 당시 독일군의 암호 체계에서 핵심은 에니그마 기계Enigma Machine였다. 원래 이 기계는 제1차 세계대전 이후에 기업의 보안을 위해 독일에서 개발되었는데, 추축국들이 외교와 군사 보안에 썼다.

1932년 9월에 포즈난 대학의 젊은 수학자인 마리안 레예프스키, 헨리크 지갈스키 Henrik Zygalski 그리고 예르지 로지키Jerzy Różycki가 폴란드 암호국에서 민간인 직원으로 일하기 시작했다. 그들에게 주어진 과제는 독일 육군의 에니그마 기계의 암호를 해독하는 것이었다.

에니그마 기계는 알파벳의 26개 문자를 뒤섞는 전기기계 회전자 장치 electromechanical rotor mechanism를 갖추었다. 아울러, 그 기계는 문자들의 쌍을 바꾸는 배선반plugboard을 갖추고 있었다. 자연히, 그 체계의 보안은 정기적으로, 통상 날마다 바뀌는 기계의 위치 조정에 의존했다. 수신자는 발신자가 사용한 정확한 위치 조정을 알아서 그대로 맞춰야 전문을 해독할 수 있었다.

따라서, 에니그마 전문을 해독하려면, 세 종류의 정보가 필요했다.

① 에니그마 기계의 구조와 기능에 관한 전반적 이해
② 회전자들의 배선
③ 전문 일자의 회전자의 조정과 배선반의 플러그 연결

세 사람은 이 세 요소 가운데 첫째 요소만 암호국으로부터 제공받았다. 둘째 요소 인 회전자들의 배선을 알아내기 위해서 레예프스키는 빈도 분석frequency analysis 과 같은 전통적인 언어학적 접근에서 과감하게 벗어나 순수한 수학적 접근을 골 랐다. 그들은 곧 독일군의 절차적 실수를 발견해서 그것을 이용해 암호를 풀었다. 독일군의 가장 어이없는 실수는 3개 문자로 된 전문 열쇠message key를 반복하는 관행이었다. 그래서 6개 문자에서 1번과 4번이, 2번과 5번이, 그리고 3번과 6번이 동일했다.

이어 지갈스키가 때로는 반복된 전문 열쇠에서 세 문자 가운데 하나가 같은 문자 로 부호화된다는 것을 발견했다. 그는 이런 경우를 '여성female'이라 불렀다. '여성' 엔 1번과 4번이 같은 경우, 2번과 5번이 같은 경우, 그리고 3번과 6번이 같은 경우 가 있었다. 이런 현상을 낳을 수 있는 위치 조정은 제약되었으므로, 오래 애쓰면 올바른 위치 조정을 찾을 수 있었다. 독일군의 실수를 이용해서 폴란드 암호국은 에니그마 암호 체계로 침투하는 데 성공했다.

그러나 독일군도 외국의 암호 해독을 막기 위해 에니그마 기계를 꾸준히 개선하 고 부호화 과정을 점점 엄격하게 만들었다. 마침내 레예프스키의 수학적 접근도 거의 무력해지고 '여성'을 이용한 공략만이 아직 효과를 낼 수 있었다. 해독 작업 을 보다 효율적으로 만들기 위해서, 1938년 가을에 레예프스키는 전기기계 장치 를 만들었다. 그가 '암호적 폭탄cryptologic bomb'이라 부른 이 장치는 가장 먼저 개 발된 전기기계 컴퓨터들 가운데 하나였다. 20세기 중반의 가장 위대한 암호 해독 자는 위대한 발명가이기도 했다.

전쟁이 일어나기 전에, '폭탄bomb' 6대가 제작되었다. 폭탄 1대는 약 100명의 사람 몫을 했고, 열쇠를 찾는 데 걸리는 시간은 2시간 정도로 줄어들었다.

1938년 12월에 독일군은 에니그마 기계에 회전자를 2개 늘리고 배선반의 연결도 2개씩 늘렸다. 이런 개선은 레예프스키 팀의 작업량을 10배가량 늘렸다. 그러나 폴란드 암호국엔 54대나 되는 '폭탄'을 마련할 자원이 없었다. 전쟁이 임박했으므 로, 폴란드 총참모부와 내각은 폴란드가 축적한 에니그마 기계에 관한 정보를 동 맹국 영국과 프랑스와 공유하기로 결정했다. 폴란드가 제공한 정보는 영국이 에니 그마 기계를 해독하는 데 걸린 시간을 1년가량 줄인 것으로 평가된다.

9 부동소수점 방식은 기수점radix point이 '떠서 움직인다浮動'는 사실을 가리킨다. 그래서 이 방식에선 기수점은 수의 유효숫자significant digits 와 관련해서 어느 자리에든지 놓일 수 있다. 이 자리는 지수exponent 로 나타낸다. 예시하면, 아래와 같다.

$$1.2345 = 12345 \times 10^{-4} \ (\text{significant} \times \text{base}^{\square \ exponent})$$

부동소수점 방식은 아주 크거나 작은 수를 다루거나 대역이 넓은 수를 다루는 데 편리하다.

10 이처럼 추제는 자신이 만든 기계에서 끊임없이 혁신을 추구했다. 그는 발명가였을 뿐 아니라 기업가이기도 했다. 그는 회사를 세워 1967년까지 251대의 컴퓨터를 팔았다. 당시 독일 산업이 전쟁으로 완전히 파괴되었고 대형 컴퓨터에 대한 수요가 제한되었음을 생각하면, 이것은 대단한 상업적 성공이었다. 나중에 재무적 어려움으로, 그는 회사를 지멘스Siemens에 팔았다. 그는 20세기 말엽 이후 정보산업의 폭발적 성장에 크게 기여한 발명가-기업가들inventor-entrepreneurs의 선구자였다.

11 1970년대 초엽에 마이크로프로세서 칩microprocessor chip에 바탕을 둔 컴퓨터들이 '제4세대 컴퓨터'라 불리게 되면서, 계전기를 이용한 전기기계 컴퓨터의 역사적 중요성이 뒤늦게 인식되었다. 그래서 전기기계 컴퓨터는 '제0세대 컴퓨터the zeroth generation computers'라 불리게 되었다.

12 트랜지스터의 개념은 오스트리아-헝가리 제국 출신 미국 물리학자 줄리어스 릴리언필드Julius Lilienfeld에 의해 처음 제시되었다. 그는 '전계 전자 방출field electron emission'을 연구하면서 그것을 전자의 원천으

로 삼으려 시도했다[전계 전자 방출은 정전계(electrostatic field)에 의해 유도된 전자 방출을 뜻한다]. 실제로 그는 1930년에 '전계 전자 방출' 장치에 관한 특허를 얻었다. 그러나 당시엔 순도 높은 반도체 물질을 얻을 수 없었으므로, 그의 아이디어는 실현되지 못했고 주목도 받지 못했다. 벨 연구소의 세 과학자가 노벨상을 받으면서, 특히 쇼클리가 특허를 신청하면서, 그의 아이디어와 특허가 주목받게 되었다. 결국 쇼클리는 트랜지스터에 대한 특허를 얻지 못했다.

13 모하메드 아탈라1924~2009는 이집트 출신 미국 물리학자로 뛰어난 발명가였다. 강대원姜大元, 1931~1992은 한국 출신 미국 물리학자였다. 2009년에 그들은 모스펫을 발명한 공로로 함께 미국 '국가 발명가 명예의 전당National Inventors Hall of Fame'에 올랐다.

14 '무어의 법칙'이 예언한 대로, 집적회로IC는 점점 복잡해지고 튼튼해지고 값이 싸졌다. IC는 로직 게이트의 수에 따라 아래와 같이 분류된다.

Small-scale Integration(SSI)	1 – 12 gates
Medium-scale Integration(MSI)	13 – 99
Large-scale Integration(LSI)	100 – 999
Very-large-scale Integration(VLSI)	1,000 – 99만 9,999
Ultra-large-scale Integration(ULSI)	100만 이상

1970년대 말엽에 VLSI와 ULSI에 바탕을 둔 마이크로프로세서들이 생산되었다. 여러 해 동안 CPU는 단일 마이크로프로세서만 갖추고 있었다. 2000년대 초반에 단일 칩에 여러 개의 마이크로프로세서를 얹는 것이 가능해졌다. 그런 마이크로프로세서는 '핵심core'이라 불리게 되었다.

이런 변화를 반영해서, 1980년이나 2000년 이후의 컴퓨터를 5세대
나 6세대로 부르려는 경향이 있다. 그러나 하드웨어에서 혁신적인
기술이 새로 나온 것은 아니어서, 그런 세대 구분에 대해서 의견이
엇갈린다.

15 PC가 나타나자, 먼저 미니컴퓨터가 사라졌다. 미니컴퓨터를 시간제
time-sharing로 이용하는 것은 자신만의 컴퓨터를 쓰는 것에 미칠 수
없었다. 메인프레임은 비교적 잘 버텼다. 상업 활동을 위한 거래 처
리는 고도의 신뢰도와 보안이 요구된다. 그리고 써오던 소프트웨어
와의 호환성도 필수적이다. 이런 조건은 메인프레임을 다른 기종으
로 바꾸는 것을 아주 어렵게 만들었다.

16 슈퍼컴퓨터의 속도는 플롭스Floating-Point Operations Per Second: FLOPS(초
당 부동소수점 연산 횟수 클럭 속도)로 측정된다. 반면 메인프레임 같은 범용
컴퓨터는 통상적으로 MPSMillion Instructions Per Second(초당 100만 개 명령어
실행)로 측정된다.
플롭스의 단위는 아래와 같다.

kiloFLOPS	KFLOPS	10^3
megaFLOPS	MFLOPS	10^6
gigaFLOPS	GFLOPS	10^9
teraFLOPS	TFLOPS	10^{12}
petaFLOPS	PFLOPS	10^{15}
exaFLOPS	EFLOPS	10^{18}
zettaFLOPS	ZFLOPS	10^{21}
yottaFLOPS	YFLOPS	10^{24}

2008년에 IBM이 만든 로드러너Roadrunner는 1PFLOPS에 도달했

다. 슈퍼컴퓨터의 역사에서 중요한 이정표인 이 성취 이후, 슈퍼컴퓨터의 성능을 높이려는 노력은 더욱 커졌다. 2024년 6월 현재, 가장 강력한 슈퍼컴퓨터는 HPE가 미국 오크리지 국립연구소Oak Ridge National Laboratory를 위해 제작한 프런티어Frontier인데, 처리 능력은 1.102EFLOPS이다.

17 원래 정보처리엔 에너지가 많이 든다. 사람의 뇌는 신체 질량의 2%가량 되지만, 신진대사 에너지의 20%가량을 쓴다. 그래도 뇌는 오랜 진화를 통해 정교하게 다듬어졌으므로, 경이적으로 효율적이다. 그러나 AI는 뇌를 단순하게 모방했으므로, 원리와 구조가 투박하다. 당연히, 비효율적이어서 전력을 엄청나게 쓴다.

2022년에 데이터 센터들은 세계 전력의 1~1.3%를 썼다고 추산된다. 암호 화폐를 채굴하는 데 0.4%가 추가로 쓰였다. 앞으로 AI가 보급되면서, 전력 수요는 빠르게 늘어날 것이다. 물론 AI의 효율이 꾸준히 높아질 터이지만, AI의 총량이 워낙 가파르게 늘 것으로 전망되니, 전력 수요도 늘어날 것이다. 게다가 전력 생산은 지구 환경에 부정적 영향을 미치므로, 전력 증산으로 문제가 깔끔하게 풀릴 것도 아니다.

그래서 나온 것이 가역적 계산reversible computing이다. 1961년에 미국 물리학자 롤프 랜다우어Rolf Landauer는 정보를 비가역적으로 다루면, 예컨대 어떤 정보를 지우면, 엔트로피가 증가해서 에너지가 열로 흩어진다고 지적했다. 따라서 정보를 가역적 방식으로 다루어 정보가 지워지지 않으면, 에너지가 들지 않는 방식으로 정보를 다룰수 있다. 이런 물리적 가역성physical reversibility은 논리적 가역성logical reversibility에 바탕을 둔다. 당연히, 가역적 계산에 쓰이는 소프트웨어는 논리적으로 가역적이어야 한다. 그리고 하드웨어는 물리적으로 가역적이어야 하는데, 양자 컴퓨터의 회로들은 이런 조건을 충족시킬 수 있다.

랜다우어의 개척적 연구를 이어받아, 1973년에 찰스 베넷은 '열역학적으로 가역적인 컴퓨터thermodynamically reversible computer'를 설계했다. 2018년엔 중국 물리학자 펑 망馮芒, Mang Feng이 양자 컴퓨터에서 랜다우어의 주장을 확인했다고 발표했다. 그러나 가역적 계산의 공학적 어려움은 무척 커서, 가역적 계산은 실제로 가능하더라도 먼 미래의 일일 것이다.

18 이런 사정은 군사 분야에서 잘 드러난다. 무기 플랫폼weapons platform은 무기가 장착될 수 있는 구조물, 차량 또는 장치를 가리킨다. 예컨대, 항공모함은 군용기들의 플랫폼이고, 군용기는 포탄, 폭탄 또는 미사일(공대공, 공대함, 공대지)의 플랫폼이다. 실은 병사들 자신이 플랫폼인데, 그들은 칼, 창, 화살, 총탄의 플랫폼이다.

19 실은 이런 설명은 지나친 단순화다.

엄격하게 말하면, 중첩은 추상적인 수학적 존재에 지나지 않는 것으로 간주되어야 한다.* 그 표현은 파동 역학wave mechanics에서 나왔다. 우리는 한 파동의 방정식을 둘 또는 그 이상의 다른 파동들의 방정식들의 합으로 나타낼 수 있다.

— 필립 볼Philip Ball, 『기괴함 너머Beyond Weird』 중에서

* "아무도 양자역학을 이해하지 못한다고 내가 안심하고 말할 수 있다고 나는 생각한다I think I can safely say that nobody understands quantum mechanics." 파인만이 1965년에 한 말이다. 바로 그해에 그는 양자역학에 관한 연구로 노벨 물리학상을 받았다. 인류가 지금까지 모아서 체계화한 방대한 지식 가운데 일반인이 쉽게 접근할 수 없는 단 하나의 분야가 양자역학이다. 양자역학이 그처럼 어려운 근본적 이유는 그것이 수학으로만 나타낼 수 있는 지식이기 때문이다. 양자역학에 쓰이는 수학은 물론 어렵지만, 어려운 수학이 쓰인다는 것 자체가 넘기 어려운 장애는 아니다. 정말로 어려운 것은 수학으로 풀어낸 것들이 무엇을 뜻하는지 알아내는

것이다. 파인만이 얘기한 것이 바로 그것이다.

일반적으로 수학으로 풀어낸 것들의 뜻을 알기 어려우면, 우리는 실재reality와 비교한다. 그러나 양자역학에선 수학적 추론 말고 따로 실재가 없다고 한다. 이 사실이 양자역학을 어려운 지식으로 만든다.

수학으로만 나타낼 수 있는 지식을 그래도 우리가 아는 말로 나타내야 한다면, 어떻게 해야 하나? 양자역학의 감춰진 모습을 가장 잘 이해한 사람들 가운데 하나로 일컬어지는 닐스 보어Niels Bohr는 "원자에 관해서는, 언어는 시에서와 같이 쓰일 수밖에 없다When it comes to atoms, language can only be used as in poetry"라고 했다. 사실을 묘사하기보다 심상image를 만들어내야 한다는 얘기다.

얽힘에 가장 가까운 개념은 불가의 '인연因緣'일 듯하다. '옷깃을 스치고 지나가도 인연'이라는 바로 그 인연. 실제로 우리는 우연히 길에서 지나치는 사람들로부터 생각보다는 훨씬 큰 영향을 받는다.

양자역학은 얽힘이 우주의 피륙을 이룬다고 한다. 가장 미세한 입자들이 서로 얽히고 그 얽힌 입자들이 다시 얽히는 과정이 무한히 반복되어 우리가 보는 이 고전적 세계classical world가 나온다는 얘기다.

20 2023년에 중국과학원 산하 연구소는 쭈충즈Zuchongzhi-2 칩이 176큐비트로 강화되었다고 발표했다. 쭈충즈는 중국 남북조시대 남조 유송劉宋의 학자 조충지祖沖之를 가리킨다. 그는 원주율π이 3.1415926과 3.1415927 사이에 있다고 추산한 것으로 유명하다. 이 정확도는 900년 뒤에야 추월되었다.

2021년에 도입된 이 기계는 원래 66큐비트를 갖춘 프로그래밍이 가능한 양자 계산 체계였다. 중국은 슈퍼컴퓨터와 양자 컴퓨터를 전략적으로 중요한 기술로 여겨서 집중적으로 육성해왔다.

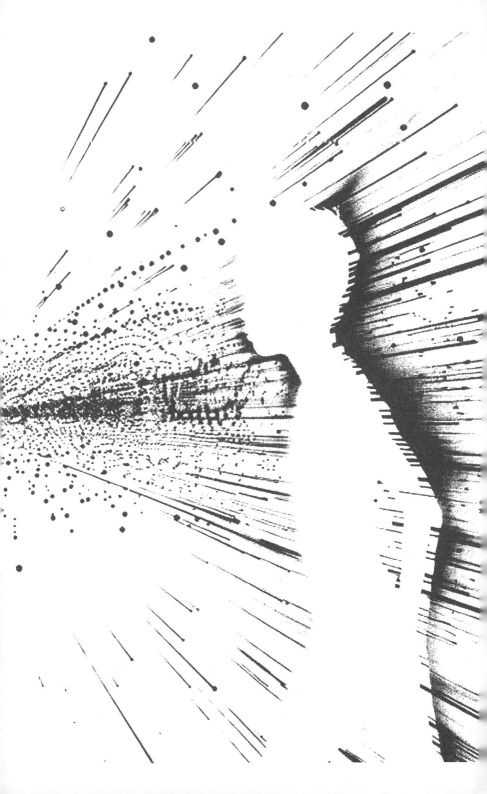

제3장

인공지능의
진화

이름이 가리키듯, 인공지능은 처음부터 사람의 지능을 모방하려 시
도했다. 그리고 그것이 고른 인공물은 컴퓨터였다. 그래서 인공지능
은 컴퓨터 소프트웨어의 형태를 띠게 되었다. 지금까지 세 가지 요소
가 AI의 진화에 근본적 영향을 미쳤다.

① 컴퓨터 기술의 수준
② 사람의 뇌에 관한 지식
③ AI에 대한 수요

찰스 배비지의 '분석기관'이 맞이한 불우한 운명이 보여주듯, 결정
적 요소는 'AI에 대한 수요'다. 암호 해독과 새로운 무기의 개발과 같
은 전쟁 활동은 빠른 계산이 필요하므로, 기계적 계산에 대한 필요성
을 폭발적으로 늘린다. 제2차 세계대전이 일어난 뒤 컴퓨터 기술이
활짝 핀 것은 우연이 아니다. 이어진 냉전은 정부의 지원이 지속되도
록 만들었다.

지난 80여 년 동안, AI는 인간 사회의 모든 곳에 스며들었고 사회적

피륙의 필수적 요소가 되었다. 이런 종류의 사회적 변모는 유례가 없었기 때문에 AI의 진화를 전체적으로 파악하기는 무척 어렵다. 이런 상황에서 AI의 빠른 진화를 명료하게 보여주는 분야는 보드게임 프로그램이다.

보드게임 프로그램Board Game Program

장기, 체스, 바둑과 같은 보드게임은 잘 정의된 규칙과 통제된 환경을 제공한다. 자연히, 보드게임은 AI 연구자들의 환영을 받았다. 보드게임엔 다섯 가지 본질적 특질이 있다.

① 두 경기자가 있다.
② 경기의 결과에 관해서 그들의 이익은 정면으로 맞선다. 즉 그들의 이익의 합은 0이다.
③ 경기는 유한하다. 경기자는 자기 차례에 둘 수 있는 대안이 유한하고, 유한한 수가 두어지면, 경기는 끝난다.
④ 어떤 정보도 경기자들로부터 차단되지 않는다. 따라서 경기의 모든 과정에서 경기자들은 완전한 정보를 가진다.
⑤ 경기의 결과는 결정론적determinisitc이다.[1]

이런 특질을 가진 경기들은 '이인, 영합, 유한, 완전 정보, 결정론적 경기two-person, zero-sum, finite, perfect information, deterministic game'라 불린다.

이런 다섯 가지 특질은 보드게임을 간단하고, 명확하고, 수학적 접근이 전적으로 가능하도록 만든다.

1944년에 폰 노이만과 독일 출신 경제학자 오스카르 모르겐슈테른Oskar Morgenstern은 『게임이론과 경제적 행태Theory of Games and Economic Behavior』를 발표했다. 이 기념비적 작품은 '게임이론game theory'이라는 새로운 연구 분야를 열었다.[2] 이제 갈등 상황에서의 전략에 관한 연구는 튼튼한 이론적 바탕 위에서 나아갈 수 있게 되었다.

1940년대에 현대적 컴퓨터가 등장하자, 사람들은 컴퓨터의 지능이 인간의 지능을 따라잡을 가능성에 대해 생각하기 시작했다. 인간 지능과 인공지능의 비교나 인공지능의 개발에 있어 보드게임은 이상적 환경을 제공했다. 그리고 여러 과학자가 보드게임을 할 수 있는 AI 프로그램을 개발하려고 시도했다. 서양의 대표적인 보드게임이 체스였으므로, 그들은 자연스럽게 체스 프로그램을 만들었다. 그러나 당시

영미식 8×8 체커스

의 컴퓨터로는 체스 프로그램을 돌릴 수 없었다.[3]

그래서 AI 연구자들은 체스보다 훨씬 간단한 체커스checkers로 노력을 돌렸다.[4] 한 추산에 따르면, 체스에서 가능한 위치들은 10^{47}개인데, 체커스에선 10^{20}개이다. 바둑에선 무려 10^{170}개이다. 1950년대 중반에 IBM에 근무하던 아서 새뮤얼Arthur Samuel은 성공적인 체커스 프로그램을 만들었다.

새뮤얼은 그의 프로그램에 머신 러닝machine learning, 기계학습 기법을 도입했다. 머신 러닝은 경험과 자료의 이용을 통해서 스스로 개선하는 컴퓨터 알고리즘을 연구하는 분야다. AI 연구의 중심인 머신 러닝이 처음에 보드게임에 적용되었다는 사실은 주목할 만하다. 실제로 인기 높았던 머신 러닝 프로그램들이 모두 보드게임에 적용되고 연구되었다. 마침내 2007년에 연구자들은 체커스의 최적 전략을 고안해냈다고 발표했다.

컴퓨터의 능력이 향상되고 보드게임 프로그램도 개선되면서, 체스 프로그램을 향상시키려는 노력이 등장했다. 1997년에 IBM이 개발한 체스 프로그램 딥 블루Deep Blue가 당시 체스 챔피언이었던 가리 카스파로프Garry Kasparov와 대국했다. 이 여섯 경기의 시합에서 딥 블루가 3.5 대 2.5로 이겼다. 많은 사람들이 이 결과에 충격을 받았다. 체스에 대해 잘 아는 전문가들은 카스파로프가 역사상 가장 뛰어난 체스 경기자라고 평하던 참이었다. 미국 시사 주간지 《뉴스위크Newsweek》는 이 시합을 "뇌의 마지막 저항The brain's last stand"이라 표현했다.

IBM이 개발한 체스 프로그램 딥 블루

그래도 바둑에선 아직 인간 기
사들이 바둑 프로그램을 막아
내고 있었다. 바둑이 워낙 복잡
한 경기라서, 사람을 이기는 바
둑 프로그램이 나오려면, 여러 해
가 걸리리라고 다들 예상했다.
2016년에 구글의 자회사인 런던 소재 딥마인드 테크놀로지DeepMind
Technologies가 개발한 바둑 프로그램 알파고AlphaGo가 인간 기사들을
깔끔하게 이겼다. 이렇게 해서 보드게임을 정복하려는 AI의 오랜 시
도가 목표를 얻게 되었다. 이듬해 알파고 개발 팀은 세계인공지능학
술대회International Joint Conference on Artificial Intelligence: IJCAI에서 마빈 민스
키 상Marvin Minsky Medal for Outstanding Achievements in AI을 받았다.[5]

컴퓨터 모의실험 Computer Simulation

독일군의 에니그마 기계 암호를 해독하려는 폴란드와 영국의 끈질긴

노력에서 드러나듯, AI의 첫 번째 그리고 가장 중요한 용도는 암호 해독이었다. 새로운 무기 개발을 위한 컴퓨터 모의실험computer simulation 이 그 뒤를 이었다. 컴퓨터 모의실험은 실재 체계의 수학적 모형을 컴퓨터를 이용해서 만드는 것이다. 이 기법은 분석적 해결을 시도하기 어려울 만큼 방대한 체계의 이해와 예측에서 특히 가치가 크다.

무기 개발에 컴퓨터 모의실험을 이용한 첫 사례는 1942년 독일군의 페네뮌데Peenemünde 육군연구소 소속 로켓 과학자 헬무트 휠처 Helmut Hölzer가 아날로그 컴퓨터로 V2 로켓의 탄도를 모의실험한 것이다. 이 일을 위해 휠처가 제작한 컴퓨터는 '첫 전자 아날로그 컴퓨터the first electronic analog computer'였다.

보다 널리 알려진 사례는 미국의 원자탄 개발 계획인 맨해튼 사업 Manhattan Project에서 핵 폭발 과정을 컴퓨터를 이용해서 모의실험한 일이다. 1944년에 존 폰 노이만은 전자기계 컴퓨터인 하버드 마크 Harvard Mark 1을 이용해 첫 원자탄의 폭발을 모의실험했다.[6]

컴퓨터 모의실험은 방대한 자료를 아주 빠르게 계산할 수 있는 컴퓨터가 나온 덕분에 가능했다. 그런 첨단 기술은 새로운 기술적 문제들을 낳게 마련이다. 위에서 얘기한 대로, 컴퓨터 모의실험은 너무 방대하거나 복잡해서 분석적 해답이 어려운 체계들에 특히 쓸모가 크다. 그러나 그런 체계의 대표적 시나리오를 생성해내기는 무척 어렵다. 분석적으로 접근하기 어려우니, 그런 체계의 대표적 시나리오를 미리 확인할 길이 마땅치 않다. 자연히, 대표적 시나리오를 생성할 새로운 길을 찾아야 했다.

1946년, 폴란드 출신 미국 물리학자 스타니스와프 울람Stanislaw Ulam
이 이 문제에 대한 답을 찾아냈다. 수술에서 회복하느라 병원에서 지
낼 때, 그는 무료해서 혼자 하는 카드 늘이solitaire를 했다. 그러다가
문득 패가 맞아떨어져 성공할 확률에 대해 생각하기 시작했다.

[그런 확률을] 순수한 조합 계산combinatorial calculation으로 추산하려고 많은 시간을
보낸 뒤에, 나는 '추상적 사고abstract thinking'보다 실용적인 방법은 카드 게임을,
예컨대, 100번 하고서 그냥 성공적인 경우들을 세어보는 것이 아닐까 생각했다.
빠른 컴퓨터의 새로운 시대가 시작되었으므로, 이런 방법은 이미 그려볼 수 있었
고, 나는 이내 중성자 확산neutron diffusion의 문제와 수리 물리학mathematical physics
의 다른 의문들과, 보다 일반적으로, 어떤 미분방정식에 의해 기술된 과정을 무
작위적 연산들의 연속으로 해석될 수 있는 동등한 형태로 바꾸는 길에 대해 생
각하기 시작했다.

— 로저 에크하트Roger Eckhart, 「스탠 울람, 존 폰 노이만, 그리고 몬테 카를로 방법

Stan Ulam, John von Neumann, and the Monte Carlo method」 중에서

울람의 생각에 폰 노이만은 호의적이었다. 통계적 표본추출statistical
sampling 자체는 새롭지 않았지만, 그것을 새로 개발된 전자 컴퓨터를
통해서 한다는 것은 멋진 생각이었다. 그는 그 아이디어를 발전시켜
서 미국 로스앨러모스 국립연구소Los Alamos Laboratory의 경영진에게 추
천했다. 그 일은 비밀이었으므로, '몬테 카를로Monte Carlo'라는 암호를
부여받았다.

이제 '몬테 카를로 방법Monte Carlo method'은 수치적 결과를 얻기 위해 반복적 표본추출에 의존하는 계산 알고리즘을 가리킨다. 그것들의 본질적 아이디어는 원칙적으로는 결정론적일 수도 있는 문제를 풀기 위해 무작위성을 이용한다는 것이다.

추론 체계|Reasoning System

1956년에 미국 과학자들인 앨런 뉴얼Allen Newell, 허버트 사이먼 그리고 클리프 쇼Cliff Shaw가 '논리 이론가Logic Theorist'라는 '자동화 정리 증명automated theorem proving' 컴퓨터 프로그램을 완성했다. 그 프로그램은 곧 앨프레드 노스 화이트헤드Alfred North Whitehead와 버트런드 러셀Bertrand Russell의 『수학 원리Principia Mathematica』 제2장의 첫 52개 정리 가운데 39개를 증명했다. 그리고 그런 정리 가운데 하나에 대해서는, 논리 이론가의 증명이 원래의 증명보다 우아했다.[7]

논리 이론가는 '자동화 추론automated reasoning'을 수행하도록 의도된 첫 프로그램이었다. 자동화 추론은 수학만이 아니라 집적회로, 소프트웨어 프로그램, 공학 설계와 같은 분야들에서 정확성을 확인하게 되었다. 이것은 AI의 발전에서 중요한 이정표였다.

논리 이론가의 성과를 바탕으로 삼아, 1959년에 세 과학자는 보편적 문제 해결사universal problem solver 역할을 할 '일반문제해결기General Problem Solver: GPS'를 개발했다. 이런 발명은 정보 기술에서 추론 체계reasoning systems라는 새로운 분야를 열었다. 추론 체계는 이용 가능한 지식으로부터 연역과 귀납 같은 논리적 기술을 사용하여 결론을 도출하는 소프트웨어 체계를 가리킨다.

개척적 발명이었으므로, 논리 이론가는 새로운 방법의 출현을 이끌어냈다. 그런 방법들 가운데 가장 중요한 것은 나무 탐색tree search으로, 그 모형은 나무 모습을 하고 있다. 그것은 모형에서 어떤 가치를 나타내는 마디node로 이루어지는데, 첫 마디는 뿌리root라 불리고, 다음 마디는 가지branches이고, 그다음 마디는 잎새leaves다. 탐색은 뿌리에서 시작해서 차츰 마디들로 이어지면서 문제가 제기한 조건들에 가장 잘 맞는 마디를 찾는다.

논리 이론가의 경우, 뿌리는 초기 가설initial hypothesis이고 가지들은 논리 규칙에 따라 연역된다. 그것이 증명하고자 하는 명제가 목표인데, 만일 그 명제가 진실이라면, 나무의 어딘가에 있을 것이다. 따라서 가설에서 목표에 이르는 가지들과 잎새들로 이루어진 경로 자체가 증명을 구성한다.

나무 탐색은 깔끔한 기법이다. 그러나 마디들은 지수함수적으로 늘어나므로, 그것은 조합 폭발combinatorial explosion을 필연적으로 품는다. 예컨대, 마디마다 세 갈래 길이 있다면 마디들은 1, 3, 9, 27, 81, 243… 으로 늘어난다. 세 발명가는 가능성이 낮은 가지들을 쳐내기 위해 '주먹구구rule of thumb'를 이용했는데, 그들은 그것을 '발견법Heuristics'이라 불렀다.[8]

추론 체계가 다루는 문제들은 대체로 결정론적이다. 어떤 문제의 뿌리는 초기적 가설이고 그것이 찾는 목표는 주어진 명제다. 그리고

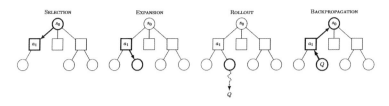

SELECTION EXPANSION ROLLOUT BACKPROPAGATION

몬테 카를로 나무 탐색 알고리즘의 4단계

탐색은 논리의 규칙에 의해 인도된다. 체스나 바둑 같은 보드게임에서 이 점이 잘 드러난다. 그러나 현실에서 만나는 문제는 그렇게 결정론적이지 않다. 그럴 경우, 가능성이 높은 지역을 찾는 것이 실제적으로 중요하다. 이 일에선 울람과 폰 노이만이 개발한 몬테 카를로 방법이 쓸모가 크다. 그래서 나무 탐색과 몬테 카를로 방법은 자연스럽게 결합해서 '몬테 카를로 나무 탐색Monte Carlo Tree Search'으로 진화했다. 알파고와 그 후예들은 몬테 카를로 나무 탐색에 의존한다.[9]

전문가 체계Expert System

전문가 체계는 지식의 특정 분야에서 전문가를 본받는 프로그램이다. 그것은 전문가의 지식에서 도출된 논리적 규칙을 이용해 복잡한 문제를 해결하도록 설계된다.

전문가 체계는 두 개의 하위 체계로 이루어진다. 하나는 연관 분야의 방대한 정보들을 갖춘 지식 토대knowledge base이고, 다른 하나는 지식 토대의 현재 상태를 평가하고 적절한 규칙들을 적용해 새로운 지식을 추론해내는 추론 기관inference engine이다. 추론 기관이 뽑아낸 새로운 지식은 곧바로 지식 토대에 더해진다.

첫 전문가 체계는 1960년대에 에드워드 파이겐바움Edward Feigenbaum이 이끈 스탠퍼드 대학 연구진에 의해 개발되었다. 주목적은 과학적 가설들의 형성과 확인에 대한 연구였다. 그 목적을 위해서 그들은 아직 알려지지 않은 분자들의 확정을 선택했다. 그리고 덴드럴Dendral이라는 체계를 만들었는데, 이 프로그램은 화학자들이 물질을 확정하는 것을 크게 도왔다.

덴드럴의 개발과 운영을 통해 얻은 지식을 이용해서, 그들은 심각한 감염을 일으키는 박테리아의 확정에 도움을 줄 수 있는 마이신MYCIN이라는 프로그램을 개발했다. 이 프로그램은 내과 분야에서 1,000종의 병을 진단할 수 있는 카두세우스CADUCEUS로 진화했다.

1980년에 뉴햄프셔주의 DEC 사의 공장에서 XCONeXpert Configurator이라 불리는 전문가 체계가 쓰이기 시작했다. 존 맥더모트John McDermott가 DEC의 전문가들과 상의해서 만든 이 프로그램은 생산 과정의 합리화를 통해 비용을 크게 줄였다. 이후 많은 기업이 전문가 체계를 설치하기 시작했다.

이제는 모든 분야에서 전문가 체계가 이용된다. 전문가 체계의 약점은 스스로 배우지 못하므로 지식 토대의 최신화updating가 어렵다는 점이다. 이 문제가 해소되면, 전문가 체계가 인간 전문가를 대체하는 과정이 빠르게 진행될 것으로 예측된다.

연결주의Connectionism

1958년, 미국 심리학자 프랭크 로젠블랫Frank Rosenblatt은 퍼셉트론 Perceptron이라는 이항분류기binary classifier의 지도 학습supervised learning을 위한 알고리즘을 발명했다. 이항분류기는 어떤 입력이 어떤 종류에 속하는가 아닌가를 판단할 수 있는 함수이다.

지도 학습은 컴퓨터 프로그램을 가르칠 때 인간 스승이 사례의 입력과 요구된 출력을 제공하는 기법이다. 입력이 인간 스승에 의해 표시labelling되었으므로, 컴퓨터 프로그램은 입력을 출력에 적절하게 연관 지어 사상寫像, mapping의 일반적 규칙을 배울 수 있다. 비지도 학습 unsupervised learning에선 입력이 표시되지 않았으므로, 컴퓨터 프로그램은 스스로 요구된 출력을 찾는 길을 배워야 한다.

정의定義에 따라, 컴퓨터 프로그램을 학습시키는 기술은 지도 학습과 비지도 학습 가운데 하나에 속한다. 그러나 이 경우엔, 강화 학습 reinforcement learning이 따로 있다. 그것은 '수치적 보상 신호numerical reward signal를 최대화하는 길을 찾는 학습'이다. 강화 학습에선 프로그램이 어떤 행동을 하라고 지시를 받지 않고, 대신 가장 큰 보상을 얻는 행동을 스스로 찾는다. 알파고AlphaGo 시리즈는 처음에는 지도 학습을 받다가 나중에는 강화 학습을 따랐다.

퍼셉트론은 마크 1 퍼셉트론이라는 기계로 실행되었다. 화상 인식을 위해 설계된 이 기계는 작은 망막을 모방했는데, 400개의 광감기photocell가

20×20의 격자로 배열되었다. 이 작은 원시적 망막은 '신경세포neurons'라 불린 신호 발생 단위signal generating units와 연결되었다. 생물학적 원리를 충실히 따라 실세된 이 기계는 선형적으로 분리할 수 있는 패턴들을 학습할 수 있었다.

퍼셉트론은 AI의 발전에서 중요한 이정표였다. 로젠블랫은 자신의 발명에 대해 "퍼셉트론은 1차적으로 뇌 모형brain model이며 패턴 인식을 위한 발명이 아니다"라고 말했다.

1969년에 마빈 민스키와 시모어 페이퍼트Seymour Papert는 퍼셉트론의 장단점을 평가한 책을 출간했다. 그들은 자신들이 퍼셉트론의 치명적 결함을 수학적으로 '증명'했다고 주장했다. 그들이 실제로 '증명'한 것의 범위와 진위에 대해서는 이후 많은 논란이 일었다.

로젠블랫의 퍼셉트론에 대한 민스키의 이례적일 정도로 거친 공격은 두 사람이 자연 지능natural intelligence과 인공지능의 성격에 관해 근본적으로 다른 견해를 지녔다는 점에서 비롯되었다. 로젠블랫과 민스키는 정신철학philosophy of mind에서 '계산적 정신 이론computational theory of mind: CTM'을 따랐다. 그러나 CTM은 잘 정리된 이론이 아니어서, 그 이론의 추종자들은 뇌의 구조와 기능에 관해서 입장이 둘로 나뉘었다.

민스키는 '고전적 CTM'이라 불린 주류 의견을 따랐다. 그것은 인지cognition가 디지털 효과적 계산digital effective computation이며 보편적 튜링 기계universal Turing machine가 뇌의 가장 좋은 구현이라고 주장했다.

로젠블랫은 연결주의connectionism를 따랐는데, 그것은 정신 현상이 간단하고 흔히 동일한 단위의 서로 연결된 망에 의해 잘 설명된다고 주장했다. 연결주의자들은 논리와 컴퓨터 과학보다는 신경생리학neurophysiology에서 영감을 얻었다. 그들은 인공신경망artificial neural network: ANN이 뇌를 가장 잘 구현한다고 믿었다.

ANN은 실물 신경망에 가깝도록 설계된다. 그 단위는 신경세포와 유사하고, 단위 사이의 연결 부위는 축삭軸索, axon과 유사하고, 연결의 강도는 접합부synapse와 유사하다. 축삭은 전기 자극을 전달하고, 접합부는 세포들 사이에서 신호가 오가는 부분이다.

정보처리는 개별 단위들이 수행하고, 중앙처리장치central processing unit: CPU가 없다. 프로그램은 단위들이 보이는 연결의 패턴에 내재한다. 로젠블랫의 퍼셉트론은 ANN의 원형이었다.

딥 러닝 혁명Deep Learning Revolution

민스키와 페이퍼트의 퍼셉트론에 대한 공격은 연결주의 연구에 파멸적 영향을 미쳤다. 1970년대와 1980년대 초반에 걸친 이런 '신경망 겨울Neural Network Winter'에 AI 연구는 고전적 CTM의 원칙과 일정에 따라 수행되었다.

이 시기에 연결주의 연구는 AI 연구의 중심부가 아니라 그것에 인접한 여러 분야에서 수행되었다. 그들의 연구에서 ANN에 바탕을 둔 머신 러닝인 딥 러닝이 출현했다.

신경망은 '분열시켜 정복한다'는 전략을 따른다. 망을 이루는 신경마다 보다 큰 문제들의 한 요소를 풀고, 전체적 문제는 이들 요소 해결물을 한데 묶어서 푼다. 신경망이 지닌 능력의 중요한 측면은 훈련 과정에서 망 안에서의 연결들에 대한 가중치가 매겨지면서, 망은 실제로는 보다 큰 문제의 분해를 배우며, 개별 신경들은 이런 문제 분해 안에서 요소들을 풀고 그것들을 묶는 방법을 배운다.

— 존 켈러허John D. Kelleher, 「딥 러닝Deep Learning」 중에서

딥 러닝은 빠르게 진화해서 점점 강력해졌다. 1980년대 후반이 되면, 고전적 CTM 추종자들이 딥 러닝에 맞섰지만, 딥 러닝의 빠르게 커지는 운동량에 밀려 흩어지고 만다. 2010년대 초반까지는 딥 러닝이 머신 러닝의 주류가 되었다. 2012년의 'ILSVRC ImageNet Large Scale Visual Recognition Challenge'에서 캐나다의 컴퓨터 과학자들인 알렉스 크리제프스키Alex Krizhevsky, 일리아 서츠키버Ilya Sutskever 그리고 제프리 힌튼 Geoffrey Hinton이 설계한 심층신경망Deep Neural Network: DNN인 알렉스넷 AlexNet이 차점자보다 두드러진 차이로 우승했다[심층신경망은 자료를 처리하는 은닉층(hidden layer)이 둘 이상인 ANN이다]. 많은 사람들이 이런 성공을 AI 연구를 근본적으로 바꾼 딥 러닝 혁명의 시작으로 여긴다.[10]

딥 러닝의 화려한 성공은 궁극적으로 그것이 뇌에 가깝다는 사실에서 나왔다. 그런 현실적인 모형 덕분에, 신경과학의 빠른 발전으로부터 지속적으로 혜택을 받을 수 있었다. 이런 점은 뇌의 현실적 모형이 없었던 고전적 CTM의 경험과 대비된다.

환경도 점점 좋아졌다. 딥 러닝은 모형의 훈련을 위한 매우 많은 자

료와 처리를 위한 빠른 컴퓨터가 필요하다. 인터넷과 소셜 미디어 플랫폼의 확산은 엄청난 양의 자료들을 생산했다. 그리고 빅 데이터는 점점 나은 알고리즘을 제공했다. 보다 나은 알고리즘은 보다 나은 결과를 낳았다. 보다 나은 결과는 빠른 컴퓨터에 대한 투자를 불렀다. 그리고 빠른 컴퓨터는 더욱 많은 자료를 생산해냈다. '보다 큰 자료―보다 나은 딥 러닝 알고리즘―보다 빠른 컴퓨터'의 선순환이 딥러닝 혁명을 이루어냈고, 계속 심화시킬 것이다.[11]

기초 모형Foundation Model

알렉스넷의 성공으로 인공신경망이 심상 처리image processing의 주요 수단으로 자리 잡자, 그것을 언어 모형language model에도 적용하려는 움직임이 일었다. 이 일에선 구글이 선구적이어서, 2018년에 BERTBidrectional Encoder Representations from Transformers가 나왔다. 이 프로그램은 큰 성공을 거두고 널리 쓰였다. 이어서 오픈AI의 GPTGenerative Pre-trained Transformer가 큰 관심을 끌었다. 2022년에는 GPT를 일반 소비자들을 위해 다듬은 챗GPT가 등장해 폭발적 관심과 상업적 성공을 누렸다.

이런 프로그램들은 자연언어들을 잘 다루며 적절한 대본들을 생성한다. 자연히 규모가 엄청나게 커서, 대형 언어 모형large language model: LLM이라 불린다. 그것의 훈련에는 방대한 자료가 필요한데, 주로 인터넷에서 얻는다. LLM의 또 하나의 특질은 여러 양태를 할 수 있는 다중 양태multimodality라는 점이다. 양태modality는 입력과 출력의 형식을 가리키는데, 대본text, 영상video, 심상image, 음성audio, 고유감각proprioception 등을 포함한다. 고유감각은 자기 몸의 움직임, 자기 몸에 가해지는 힘, 자기 몸의 자세에 관한 감각을 가리킨다.

'GPT'라는 이름에 들어 있는 'generative발생의, 생성의'라는 말이 가리키듯, GPT와 같은 LLM들은 대본, 심상, 영상과 같은 양태들로 요구된 자료를 생성한다. 그래서 이런 모형은 생성 인공지능Generative AI이라 불린다.

이처럼 LLM이 다중 양태를 지니게 되자, 그것을 언어 모형으로 부르는 것이 적절치 않게 되었다. 2021년 8월에 미국 스탠퍼드 대학 인간 중심 인공지능연구소Stanford Institute for Human-centered Artificial Intelligence의 학자들이 LLM과 같은 프로그램들을 기초 모형으로 부르자고 제안했다. 그들은 LLM과 같은 모형들은 앞으로 발전될 모형의 기초가 되리라는 뜻에서 '기초 모형'이라는 표현을 골랐다고 설명하면서, "광대한 자료들을 통해 [일반적으로 대규모의 자기 지도(self-supervision)를 이용해서] 훈련을 받아 폭 넓은 하류downstream 과제에 적용될 수 있는 모형"이라고 정의했다. 이 제안에 회의적인 견해들도 많았지만, 새로운 이름이 필요하다는 측면 덕분에, 이제 기초 모형이라는 표현은 자리를 잡았다.

베이지안 망Bayesian networks

개척자들은 자유로운 넋들이다. 어느 분야에서나 그렇다. 1956년 '다트머스 회의'에 참가한 과학자들은 새로운 종류의 지능을 만들어낼 꿈을 꾸었고 새로운 연구 분야를 열었다. 자신들이 연 분야가 기존의 확립된 분야의 원칙들과 관행들에 얽매이지 않도록 하는 것이 그들에겐 당연한 일이었다. 자연히, AI 연구는 엄격한 과학적 방법론보다는 직관에 많이 의존하는 자신의 방법론을 따랐다. 그런 태도는 AI 연구를 다른 연구 분야로부터 고립시키는 경향을 낳았다.

AI 연구가 원숙해지자, 그런 고립은 AI의 발전에 방해가 되었다. AI 연구자들은 그들의 연구가 현실 세계에 쓸모가 있다는 사실을 보여주기 위해 엄격한 과학적 방법론을 따라야 했다. 아울러, 그들은 깨달았다, 그들이 혼자 풀려 애써온 문제들 가운데 다수가 다른 분야들의—특히 수학, 경제학 및 운용과학operations research의—연구자들에 의해 이미 다루어졌다는 것을. 이런 연구들이 도입되면서, AI 연구는 훨씬 충실해졌다.

이처럼 AI 연구에 도입된 다른 분야의 업적들 가운데 아마도 가장 중요한 것은 베이지안 망일 것이다. 1988년에 이스라엘 출신 미국 컴퓨터 과학자 주디어 펄Judea Pearl은 『지능적 체계에서의 확률적 추론 Probabilistic Reasoning in Intelligent System』을 발표했다. 이 개척적 연구에서 그는 AI 연구에 확률과 결정 이론을 도입했다. 그는 확률적 지식을 나타내는 데 쓰일 수 있는 도형적 모형graphical models의 발전에 앞장섰는데, 이런 모형을 베이지안 망이라 부른다.

베이지안 망은 18세기 영국 수학자 토머스 베이즈Thomas Bayes의 확률 이론에 바탕을 두었다. 베이즈의 해석에 따르면, 확률은 어떤 사건에 대한 믿음의 정도를 나타낸다. 그런 믿음의 정도는 빈도나 성향에 바탕을 두고 있어서 고정된 것이 아니라, 새로운 정보를 이용할 수 있게 되면 바뀌게 마련이다. 베이지안 망은 이런 뜻을 담은 변수들을 나타내는 마디nodes와 조건적 관계의 방향을 가리키는 연결links로 이루어진다.

베이지안 망은 생명체가 환경에 관해 이용 가능한 정보들로 문제를 풀어가는 방식이다. 모든 생명체는 작지만, 그것이 살아가는 환경은 엄청나게 방대하다. 어느 생명체나 자신을 둘러싼 환경에 대해 거의 알지 못한 채, 자신을 둘러싼 작은 부분에 대한 작고 부분적이고 부정확한 정보들만 지니고 살아간다. 그리고 그런 정보의 조합은 서로 많이 다르다.[12]

환경에 대한 새로운 정보를 이용할 수 있게 되면, 생명체는 자신의 믿음을 수정해서 자신의 믿음의 정확도를 높인다. 모든 생명체는 끊임없이 이 일을 수행해서 자신의 생존 가능성을 높인다. 이런 점이 베이지안 망을 보편적 기술로 만들어준다. 그래서 베이지안 망은 다른 기술의 바탕이 된다.

베이지안 망에 바탕을 둔 기술들 가운데 하나는 '마르코프 모형 Markov Model'이다. 러시아 수학자 안드레이 마르코프Andrey Markov는 확률 과정stochastic process을 연구했는데, 그의 연구의 핵심 주제는 뒤에 마르코프 특성Markov property, 마르코프 과정Markov processes 및 마르코프 연쇄Markov chains로 알려졌다[확률 과정은 확률 변수들(random variables)의 수열

(sequence)을 가리킨다].

만일 어떤 확률 과정의 미래 상태의 조건부 확률 분포가 현재 상태에만 달렸다면, 그 확률 과정은 마르코프 특성을 지닌다. 과거가 미래에 대해 영향을 미치지 않으므로, 그런 확률 과정은 기억이 없다 memoryless. 기억이 없다는 특질이 마르코프 특성과 마르코프 과정을 규정한다.

이산시간discrete-time 확률 과정 가운데 마르코프 특성을 충족시키는 것은 마르코프 연쇄Markov chains라 불린다. 다음 사건이 체계의 현재 상태에만 의존하는 사건들의 연쇄를 기술할 때, 이 개념이 쓰일 수 있다. 20세기 초반에 마르코프는 마르코프 연쇄를 연구해서 알렉산드르 푸시킨Alexandre Pushkin의 『예브게니 오네긴Eugene Onegin』의 모음 분포를 살폈다. 이제 마르코프 모형은 물리학, 화학, 생물학, 의학, 컴퓨터 과학, 게임이론game theory, 음악, 스포츠와 같은 분야들에 널리 쓰인다.

행위자 기반 모형Agent-based Model: ABM

행위자 기반 모형은 자율적 행위자의 행동과 상호 교섭을 통해 체계 전체에 대한 그것들의 영향을 측정하는 모의실험이다. 따라서 ABM은 본질적으로 컴퓨터 모의실험에 속한다. ABM의 목표는 자연적 체계에서 간단한 규칙들을 따르는 행위자의 집합적 행태에 대해 연구해서 통찰을 얻는 것이다. ABM에 바탕을 둔 실험에서 얻어진 통찰은 생물학과 사회과학의 발전에 크게 기여했다.

1980년대 초엽에, 미국 정치학자 로버트 액셀로드Robert Axelrod는
'죄수의 딜레마prisoner's dilemma' 전략을 구현한 컴퓨터 프로그램 경기
tournament를 열었다. 이 널리 알려진 컴퓨터 모의실험에서, 미국 수리
심리학자mathematical psychologist 애너톨 라포포트Anatol Rapoport가 제출한
프로그램 '되갚기TIT-FOR-TAT'가 우승했다.

'되갚기'는 협력적 전략을 추구하는 아주 간단한 프로그램이었는
데, 많은 똑똑한 프로그램들을 이김으로써 협력적 프로그램이 상대
를 속이는 비협력적 프로그램보다 우수하다는 것을 증명했다.[13] '되
갚기'와 그 변종을 이용한 후속 연구는 이기적 행위자들의 교섭에서
상호적 이타주의reciprocal altruism가 창발되는 과정을 보여주었다.[14]

ABM 모형들은 자연스럽게 인공 사회들artificial societies로 진화한
다. 가장 유명한 경우는 1990년대에 미국 경제학자인 조슈아 엡슈
타인Joshua Epstein과 로버트 액스텔Robert Axtell이 만든 '슈거스케이프
Sugarscape'다. 슈거스케이프 실험은 몇 개의 간단한 규칙이 교역과 분
업 같은 복잡한 현상을 낳을 수 있으며 궁극적으로 복잡한 사회로 진
화할 수 있음을 보여주었다.

진화적 계산Evolutionary Computation

진화가 생명의 근본적 과정이므로, 대부분의 AI 방법들은 진화적 측
면을 지녔다. 몇 가지 방법은, 위에서 살핀 행위자 기반 모형처럼, 결
과를 얻기 위해 진화적 과정을 활용한다. 진화적 계산은 생물적 진화

에서 영감을 얻어 처음부터 진화를 적극적으로 모방한다. 그것의 궁극적 목표는 전역 최적화global optimization이다.

자연적 진화가 생명체의 최초 집단으로 시작하듯, 알고리즘을 통한 접근도 특정 문제에 대한 경쟁적 해결책의 최초 조합을 선택하는 것으로 시작한다. […] 이들 '부모' 해결책들은 미리 선택된 무작위적 변이 수단에 의해 '자손'을 발생시킨다. 그렇게 나온 해결책은 그것의 유효성으로—그들의 '적합성fitness'으로—평가를 받아 선택 과정을 거친다. 자연이 '적자생존survival of the fittest'의 규칙을 강요하듯, 적합도가 가장 낮은 해결책은 차후 고려 대상에서 제거되고, 그런 과정이 후속 세대들에 걸쳐 반복된다.

— 데이비드 포겔David Fogel, 「진화적 계산이란 무엇인가?What is evolutionary computation?」 중에서

진화적 계산은 전통적 알고리즘으로는 다룰 수 없는 복잡한 문제를 다룰 수 있다. 그리고 쓸모 있는 해결책을 꽤 빨리 제시한다. 이런 실용성 덕분에, 진화적 계산은 여러 문제적 상황에서 쓰인다.

진화적 계산은 많은 기술을 아우른다. 가장 두드러진 기술은 진화적 알고리즘Evolutionary Algorithm인데, 이것은 생물적 진화에서 영감을 받은 생식, 변이, 재조합recombination, 선택과 같은 메커니즘을 이용한다. 이 과정에서 최적화 문제에 대한 후보 해결책들은 생물적 집단의 개체들과 같은 역할을 수행한다. 그리고 진화적 메커니즘의 반복적 적용을 통해서 집단의 진화가 이루어진다.

가상현실Virtual Reality: VR

컴퓨터의 성능이 빠르게 늘어나고 AI의 기법들과 능력이 다양하게 진화하면서, 현실과 비슷한 인공적 환경을 만들려는 노력이 자연스럽게 운동량을 얻었다. 특별히 고안된 도구들이 만들어내는 이런 인공적 환경은 '가상현실'이라 불린다.

가상현실의 핵심적 요소는 3차원적 경험이다. 그래서 가상현실의 연원을 르네상스 시기 미술의 원근법으로 보는 견해도 있다. 19세기 전반에 나온 입체경stereoscope은 가상현실의 역사에서 중요한 이정표였다. 현재 가상현실을 구현하는 체계는 체험자가 가상현실을 구현하는 장치를 머리에 쓰거나 가상현실이 구현된 환경 속으로 들어가도록 되어 있다. 가상현실과 상호작용을 하려면, 체험자가 가상현실에 정보를 입력할 방법이 있어야 한다. 그런 입력 수단으로는 손짓을 따르는 동작 제어장치motion controllers와 눈길을 따르는 시각 추적 탐지기optical tracking sensors가 주로 이용된다. 본인이 직접 체험할 수도 있고 인공 분신avatar을 통해서 가상현실에 참여할 수도 있다.

이렇게 구현된 가상현실은 오락(비디오게임, 3D 영화, 놀이공원 등), 심리 치료, 낯선 환경에서의 활동에 대비한 사전 훈련 등에 쓰인다. 자연히, VR은 기법과 종류가 다양하고 앞으로 더욱 다양해질 것이다. 일반적 VR 외에 현실 환경에 VR의 요소들을 덧씌운 증강 현실Augmented Reality: AR, 현실과 가상현실이 섞인 혼합 현실Mixed Reality, 인터넷으로 연결된 가상현실이라 할 수 있는 인터넷 공간cyberspace, 가상현실의 플

메타버스라는 용어를 처음 소개한
닐 스티븐슨의 과학소설
『눈 실패』(국내 번역본 제목은
'스노 크래시')의 표지

랫폼을 지향하는 가상 공간virtual space인 메타버스Metaverse 등이 있다.[15]
이 모든 인공 현실을 아우르는 개념으로 확장 현실Extended Reality: XR이
라는 표현이 쓰이기도 한다.

디지털 플랫폼Digital Platform

AI가 점점 많은 기능들을 수행하게 되면서, 인류사회는 그런 상황에
맞춰 자신을 바꾸어야 했다. 이런 과정이 낳은 많은 특질들 가운데 아
마도 가장 두드러진 것은 '디지털 플랫폼'일 것이다. 그것은 사회적
정보의 처리를 조직하는 방식에서 혁명적 변화를 낳았고 방대한 설
계 공간을 열었다. 구글, 애플, 메타Meta와 같은 기술 업체들의 융성이
이 점을 일깨워준다. 그러나 '디지털 플랫폼'이라는 개념은 그것보다

훨씬 많은 것들을 포함한다.

디지털 플랫폼은 온라인 공동체들을 지탱한다. 그래서 디지털 플랫폼은 인터네에 내재한다고 할 수 있다. 플랫폼에 대한 널리 받아들여진 정의는 이 점을 가리킨다.

플랫폼은 기술 체계에 필수적 기능을 제공하고 보완적인 제품, 기술, 또는 서비스가 개발될 수 있는 토대 역할을 하는 기초적 구성요소다.

디지털 플랫폼은 경제적·사회적 및 정치적 교섭을 포함하는 인간 활동들의 너른 분야들을 조직하는 주된 방식이 되었다. 특히 디지털 플랫폼의 발전은 여러 산업들의 모습을 바꾸었으니, 운수에서의 우버Uber와 그랩Grab, 접객에서의 에어비앤비Airbnb와 카우치서핑Couchsurfing, 소프트웨어 개발에서의 애플 iOS와 구글 안드로이드Android가 좋은 사례들이다.

디지털 플랫폼의 가능성을 충분히 살린 기업들은 크기와 규모에서 상당한 성장을 이루었다. 예컨대, 전자판매e-commerce와 소프트웨어 개발 분야의 플랫폼 제공자들은 시장 가치에서 7,000억 달러 이상 상승했다. 이런 결과 덕분에, 디지털 플랫폼은 매력적인 사업 모형과 전략이 되었고, 여러 분야에서 유망한 경제 성장의 기관이 되었다.

— 아마드 아사둘라Ahmad Asadullah 외, 「디지털 플랫폼: 회고와 전망

Digital Platforms: A Review and Future Directions」 중에서

AI가 사회의 피륙으로 점점 깊이 스며들자, 모든 조직이 디지털 플랫폼의 특질을 지니게 되었다. 실질적으로 더할 나위 없이 중요한 디

지털 플랫폼이지만 그렇게 인식되는 경우가 드문 조직은 정부다. 정부의 본질적 기능은 늘 정보처리였다. 그리고 정부의 가장 중요한 생산물은 늘 정보였다. 정부로부터 유래한 물질적 활동은 대부분 시민들에 의해, 즉 시장에 의해, 수행된다. 즉 기업은 생산하고 소비자와 가계는 소비한다. 그리고 정부가 생산한 정보는 시민의 정보처리의 바탕이 된다. 따라서 정부가 디지털 플랫폼으로 변모한 것은 필연적이었다. 그리고 디지털 플랫폼으로서의 성적은 정부의 성취에 큰 영향을 미친다. 정부가 자신과 자신이 다스리는 나라의 디지털 플랫폼으로의 전환을 위해 노력하면, 그 사회는 발전한다.

똑같이 중요한 것은 개인이 디지털 플랫폼이 되었다는 사실이다. 누구나 자신의 디지털 기기를 지니고 그것을 통해서 바깥 세상과 교섭한다. 당연히, 자신의 디지털 플랫폼을 만들고 이용하는 기술은 개인의 사회적 교섭과 성취에 큰 영향을 미친다. 나이 든 시민들의 '디지털 문맹digital illiterary'이 모든 나라에서 갑자기 큰 사회적 문제가 되었다는 사실은 이 점을 보여준다.

1   이 마지막 특질은 자명하지 않다. 실은 게임이론game theory 전문가들
    만이 논의에 참여할 수 있을 만큼 어렵다. 1913년에 발표한 논문에
    서, 독일 수학자 에른스트 체르멜로Ernst Zermelo는 체스와 같은 경기
    에서 "만일 어떤 대국이 무승부로 끝날 수 없다면, 두 경기자 가운
    데 한쪽은 승리할 수 있는 전략을 지니게 마련이다. 따라서 그런 경
    기들은 엄격하게 결정론적이다"라는 요지의 주장을 폈다. 이 논문은
    게임이론에 관한 첫 논문이어서 역사적 중요성을 지녔고, 그의 주장
    은 '체르멜로의 정리Zermelo's Theorem'라 불리게 되었다.

2   체르멜로와 폰 노이만이 위대한 수학자였다는 사실이 가리키듯, 게임
    이론은 본질적으로 수학의 한 분야이다. 그러나 게임이론이 경제 활
    동을 분석하는 데 처음 쓰였다는 사실과 노벨상엔 수학 분야가 없다
    는 점이 겹쳐, 공헌이 큰 게임이론가들은 노벨 경제학상을 받아왔다.

3   1948년에 튜링은 경제학자이자 수학자인 데이비드 챔퍼나운David
    Champernowne과 함께 아직 존재하지 않는 컴퓨터를 위한 체스 프로
    그램 튜로챔프Turochamp를 만들었다. 1952년에 그는 첫 상업적 컴퓨
    터인 페란티 마크Feranti Mark 1에 완성된 프로그램을 돌리려 했으나,
    컴퓨터의 능력이 부족하다는 것이 드러났다. 그래서 튜링은 체스 알
    고리즘 문서를 한 장씩 넘기는 방식으로 프로그램을 돌리도록 삼고
    체스 판에 프로그램의 출력대로 장기말을 움직여 '입력'했는데, 한
    수를 진행하는 데 반 시간이 걸렸다고 한다.

4   체커스는 격자무늬가 있는 판checkerboard에서 특질이 똑같은 말들을
    써서 두 사람이 겨루는 보드게임이다. 판의 규격은 8×8, 10×10, 12×
    12의 세 종류가 있다. 말은 앞으로만 움직일 수 있는데, 말을 앞으로

움직여 상대의 말들을 압박해서 상대가 다음 수를 둘 수 없도록 만드는 쪽이 이긴다. 우리 민족의 '고누'와 원리가 비슷하다고 할 수 있다. 기원전 3000년경에 제작된 체커스 판이 메소포타미아의 우르Ur 유적에서 발견되었다. 바둑은 기원전 6세기경에 중국에서 기원했다. 서양 장기인 체스는 7세기경에 서남아시아에서 기원했다.

5   알파고와 인간 기사의 첫 시합은 2016년 3월에 서울에서 열렸다. 이 시합에서 알파고는 국제적 명성을 얻은 이세돌에게 4대 1로 이겼다. 알파고는 처음엔 인간 기사의 기보에서 뽑은 3,000만 개의 착점으로부터 배웠다. 그 뒤엔 자신의 여러 버전들끼리 대국하면서 실력을 키웠다. 이세돌과 대국한 버전은 알파고 리Lee라 불렸다.
알파고 리는 꾸준히 향상되어 알파고 마스터Master로 진화했다. 이 버전은 2017년 5월, 중국에서 커제柯潔와 대국해 3대 0으로 이겼다. 당시 커제는 모두가 세계 챔피언으로 인정하는 기사였다.
2017년 알파고 개발 팀은 《네이처Nature》에 알파고 제로Zero를 소개하는 논문을 발표했다.

알파고 제로AGZ는 향상된 강화 학습reinforcement learning* 체계 위에 세워졌고, 사람들의 대국으로부터 아무런 입력이 없이 애초에 스스로 훈련했다. 비록 AGZ의 처음 경기들은 어떤 인간 초보자보다 못했지만, 그것은 꾸준히 향상되어 알파고의 모든 이전 버전들을 빠르게 뛰어넘었다.

— 맥스 펌펄러Max Pumperla, 케빈 퍼거슨Kevin Ferguson,
「딥 러닝과 바둑 경기Deep Learning and the Game of Go」 중에서

알파고의 여러 버전들 가운데 가장 강력한 알파고 제로가 자신의 막강한 지식을 바둑 경기의 간단한 규칙들로부터 도출해서 발전시킨 것이다. 이 과정은 수학자가 원시적 용어primitive terms와 공리axioms로부터 방대한 수학 체계를 도출해내는 것과 본질적으로 같다.

다른 경기 프로그램과는 달리, 알파고의 바탕인 알고리즘은 딥 러 닝[*]에 바탕을 두었다. 자연히, 알파고는 잠재적으로 보다 너른 목적 에 맞고 많은 용도로 확장될 수 있다. 이런 기대에 부응해서, 2017년 12월에 딥마인드DeepMind는 알파고 제로의 접근 방법이 단일 알파 제로AlphaZero 알고리즘으로 일반화되었다고 발표했다. 이 새로운 알 고리즘은 24시간 안에 체스, 쇼기(일본 장기) 및 바둑에서 초인적 수준 superhuman level의 경기 실력을 보여주었다.

2019년 1월에 딥마인드는 알파제로 알고리즘을 응용한 알파스타 AlphaStar를 발표했다. 이 프로그램은 브리자드 엔터테인먼트Blizzard Entertainment가 개발한 인기 높은 온라인 전략 비디오게임 '스타크래 프트StarCraft II'를 하도록 설계되었다. 스타크래프트는 바둑과 뚜렷이 다르다. 바둑은 두 경기자가 번갈아 두지만, 스타크래프트는 실시간 으로 진행된다. 바둑은 경기자가 완전한 정보를 지니고 판 전체를 볼 수 있지만, 스타크래프트의 세계는 일부만 관찰될 수 있다. 바둑 엔 최선의 전략이 존재하지만, 스타크래프트엔 단 하나의 압도적 전 략이 존재하지 않는다. 게다가 스타크래프트는 바둑보다 훨씬 넓고 다양한 활동 공간을 제공하며 장기 계획을 요구한다. 바둑과 비디 오게임 사이의 이런 본질적 차이들에도 불구하고, 알파스타는 2019 년에 그랜드마스터Grandmaster 지위를 얻어 인간 경기자들의 상위 0.2% 안에 들었다.

스타크래프트와 같은 비디오게임의 세계는 보드게임의 세계보다 훨 씬 현실적이므로, 알파스타의 알고리즘은 알파제로의 알고리즘보다 쓸모가 훨씬 클 것이다. 이런 기대는 근년에 계산생물학computational biology에서 나온 성과에 의해 보답되었다. 알파폴드AlphaFold는 단백 질 구조를 예측하는 프로그램이다. 단백질은 아미노산의 사슬로 이 루어지는데, 이 사슬들은 스스로 접혀서 삼차원적 구조를 이룬다. 이런 삼차원적 구조는 단백질의 생물적 기능을 이해하는 데 긴요하 다. 그러나 단백질의 구조를 밝히는 일은 무척 힘들어서, 지구 생태계에 존재하는 2억 개가 넘는 단백질 가운데 지난 60여 년간 겨우 17만 개의 구조가 밝혀졌을 뿐이다. 자연히, 단백질 접힘protein folding 문제의 해결은 생물학에서 중요한 과제였다.

2018년에 발표된 알파폴드 1은 단백질 접힘 문제의 이해에서 종전의 연구를 훌쩍 뛰어넘는 성취를 보였다. 2020년에 발표된 알파폴드 2는 "사람들의 예상보다 몇십 년 앞서 나온 성과"라는 찬탄을 받았고 계산생물학에서 중요한 성취로 평가되었다.*** 2024년 5월에 나온 알파폴드 3은 단백질과 DNA, RNA 및 다른 분자들 사이의 상호작용을 예측하는 프로그램이다. 단백질 구조의 이해가 생물학에서나 의료 산업에서나 중요한 과제이므로 알파폴드는 현실적으로 중요한 분야에서 큰 성과를 낼 것으로 기대된다.

2022년에 나온 알파코드AlphaCode는 부호화coding를 하는, 즉 컴퓨터 프로그램을 만드는 프로그램이다. 현재는 평균 수준의 인간 프로그래머와 비슷한 능력을 갖추었다고 한다.

수학 분야에서도 알파고를 응용한 프로그램들이 나왔다. 행렬 문제를 다루는 알파텐서AlphaTensor가 2022년에 나와서 새로운 경지를 열었고, 기하 문제를 다루는 알파지오메트리AlphaGeometry가 2024년에 발표되었는데, 이 프로그램은 고등학생들의 국제 수학 올림피아드 International Mathematical Olympiad 우승자 수준이다. 이런 추세가 이어지면, 그리 멀지 않은 미래에 수학 프로그램이 인간의 수준을 넘어설 것으로 보인다.

---

* 강화 학습은 머신 러닝의 한 분야다. 나머지 분야는 지도 학습과 비지도 학습이다. 이런 분류는 프로그램의 학습에서 인간이 지도하느냐 아니냐를 주로 따진다. 강화 학습은 어떤 환경에서 최대의 보상을 얻는 데 가장 적합한 행태를 찾는 것이다. 그래서 강화 학습의 과정은 시행착오trial-and-error와 비슷하다. 기술에서의 분류는 생물학에서의 분류처럼 깔끔하지 않고 혼종이 많다.

** 딥 러닝은 머신 러닝의 한 분야로 프로그램이 따르는 모형의 성격을 따진 분류

이다. 딥 러닝은 사람의 신경망을 본받으려 애쓴다. 그래서 딥 러닝은 인공신경망 ANN에 바탕을 둔다. 딥 러닝의 ANN은 입력층input layer, 출력층output layer, 그리고 두 층 사이의 은닉층hidden layers으로 이루어진다. 여기서 '심층deep'이란 말은 자료가 처리되어 변형되는 은닉층의 수를 가리킨다. 심층 신경망deep neural network'으로 간주되기 위해 필요한 은닉층의 수는 2이다. 학습 방법은 지도 학습, 반지도 학습semi-supervised 및 비지도 학습을 따른다.

*** 단백질 접힘의 연구에서 중요한 마당은 '단백질구조 분석예측 대회Critical Assessment of Protein Structure Prediction: CASP'이다. 2년마다 열리는 이 행사는 단백질 구조에 관한 실험과 경쟁을 함께 하는 자리다. 2018년의 CASP 13엔 알파폴드 1이 참가했고, 2020년의 CASP 14엔 알파폴드 2가 참가했다.
알파폴드 1이 CASP 13에서 다른 연구를 압도하여 찬탄을 받은 터라, 알파폴드 2에 대한 CASP 14의 기대는 컸다. 알파폴드 2의 능력은 그런 기대를 훌쩍 넘었다. 심판들은 그것이 50년 동안 해결되지 않았던 과제인 '단백질의 서열sequence로부터 단백질의 구조를 정확하게, 일반적으로 그리고 경쟁력 있게 예측할 수 있는 방법의 개발'을 풀었다고 평가했다.

이야기는 거기서 끝나지 않았다. 알파폴드 2가 생성한 모형들은 워낙 뛰어나서 어떤 경우들에선 실험의 결과를 뒤집었다. […] 첫 사례는 파지phage의 꼬리 단백질을 연구해온 오스나트 허즈버그Osnat Herzberg 그룹에서 나왔다. 파지는 '박테리오 파지bacteriophage'의 준말로 박테리아 안으로 들어가서 거기서 복제하는 바이러스를 뜻한다. 딥마인드DeepMind의 모형이 자신들이 해독한 구조와 잘 맞는 것을 감탄하다가, 그들은 한 시스-프롤린cis-proline에 대해 다른 배치를 한 것을 발견했다. 분석을 다시 살피니, 그들은 자신들이 잘못 해석한 것을 발견해서 그것을 고쳤다.
— 칼로스 우테이럴 루비에라Carlos Outeiral Rubiera, 「CASP 14, 구글 딥마인드의 알파폴드 2가 진정으로 이룬 것과 그것이 단백질 접힘, 생물학 그리고 생정보학에 뜻하는 것CASP14, what Google DeepMind's AlphaFold 2 really achieved and it means for protein folding, biology and bioinformatics」 중에서

6 핵무기의 설계에서 주요 과제 가운데 하나는 핵분열 물질의 초임 계 질량supercritical mass을 급속히 이루는 일이었다. 임계 미만 질량

subcritical mass을 지닌 핵분열 물질 두 덩이가 한데 모여 초임계 질량
이 되면, 연쇄반응을 일으켜 폭발할 수 있었다. 이 일을 위해 맨해
튼 사업의 과학자들이 생각해낸 방식은 둘이었다: 총형 설계Gun-type
design와 내파형 설계Implosion-type design.

컴퓨터 모의실험에 기반해 폰 노이만은 내파형이 총형보다 더 빠르
고 더 효율적이리라는 결론을 내렸다. 실제로 원자탄은 그의 결론을
확인해주었다. 히로시마에 투하된 '리틀 보이Little Boy'는 총형 설계를
채택했다. 분석에 따르면, 우라늄 질량의 2% 이하만이 핵분열을 일
으켰고 나머지는 그냥 흩어졌다. 반면에, 나가사키에 투하된 '팻 맨
Fat Man'은 내파형 설계를 따랐는데, 20%가량의 플루토늄이 핵분열
을 일으켰다.

7 화이트헤드와 러셀은 1910년부터 1913년에 걸쳐 세 권으로 된 『수학
원리Principia Mathematica: PM』를 발간했다. 이 역저는 기호논리학symbolic
logic을 발전시키고 널리 알려서, 수학사에서 중요한 이정표로 꼽힌
다. PM은 괴델의 '불완전성 정리'의 성립에 큰 영향을 미쳤고, 그것
에 의해 이론적 부족함이 드러났다. 출간된 지 한 세기가 훌쩍 넘었
지만, PM에 대한 관심은 이어진다. 미국 출판사 모던 라이브러리
Modern Library는 '20세기 영어 논픽션 서적 100권'에서 PM을 23위에
올렸다. 참고로, 1위는 헨리 애덤스Henry Adams의 『헨리 애덤스의 교
육The Education of Henry Adam』이었다.

8 '발견법'이란 말은 헝가리 수학자 조지 폴리아George Pólya가 수학적
증명의 고전이 된 그의 책에서 처음 썼다. 논리 이론가가 크게 성공
한 이후, 발견법은 AI 연구에서 중요한 분야가 되었다.

9 알파폴드가 거둔 예상을 넘어선 성공과 관련해서, 딥마인드의 최고
경영자 데미스 하사비스Demis Hassabis는 단백질 접힘과 바둑 사이엔

언뜻 보기보다 훨씬 많은 유사성이 있다고 지적했다.

[그런 유사성들 가운데] 하나는 그 문제를 컴퓨터의 계산 능력만으로 밀어붙이는 것이 실제적이지 않다는 것입니다. 바둑판에서 규칙에 맞는 착수점의 총수는 10^{170}개가량 된다고 추산됩니다. 그것은 관측가능한 우주에 있는 분자의 수보다 훨씬 많으므로, 계산적 지름길이 만들어지지 않는다면, 컴퓨터의 능력을 넘어섭니다.

단백질은 바둑보다 더 복잡합니다. 한 추산에 따르면, 보통 수준으로 복잡한 단백질도 원리적으로는 10^{300}개 정도의 상이한 형태를 취할 수 있습니다. […] 따라서 바둑을 둘 때와 마찬가지로, 단백질 접힘을 예측하는 유일한 길은 지름길을 찾는 것입니다.

— 〈다가올 것들의 모습Shapes of things to come〉, 《이코노미스트The Economist》
(2020년 12월 5일) 중에서

10 2018년에 힌튼은 캐나다 컴퓨터 과학자 요수아 벤지오Yoshua Bengio, 프랑스 컴퓨터 과학자 얀 르쾽Yann LeCun과 함께 심층 신경망을 계산의 결정적 요소로 만든 개념적 및 공학적 돌파에 대한 공로로 미국 컴퓨터학회ACM 튜링 상A. M. Turing Award을 받았다. 이 세 과학자들은 '딥 러닝의 대부'로 일컬어진다.

딥 러닝 혁명으로 마침내 로젠블랫의 연구는 개척적 업적으로 인정받았다. 안타깝게도, 그는 그런 뒤늦은 평가를 즐기지 못했다. 퍼셉트론과 연결주의에 대한 세상의 반감과 냉대가 커지던 1971년, 그는 자신의 43회 생일에 요트를 몰고 폭풍이 부는 바다로 나갔다. 그리고 돌아오지 않았다.

11 빅데이터Big Data는 원래 자료 세트의 크기를 가리켰다. 그러나 현재의 관행으로는, 그 많은 자료에서 가치를 추출하는 발전된 자료 분

석 방법을 가리킨다. 그것과 연관된 기술은 자료 채굴Data Mining이다.

자료 채굴은 전통적 자료 분석 방법과 많은 자료를 처리하는 발전된 알고리즘을 섞는 기술이다. [⋯] 자료 채굴 기술은 고객 묘사customer profiling, 표적 마케팅, 작업 진행workflow 관리, 매장 배치 및 사기 탐지와 같은 기업 정보 분야를 지원하는 데 쓰인다.

— 탠 외P. Tan et al., 『자료 발굴 입문Introduction to Data Mining』 중에서

12 20세기 초엽에 활약한 독일 생물학자 야코프 폰 윅스퀼Jakob von Uexküll은 이처럼 생명체가 저마다 독특한 세계관을 지녔음을 지적하고서 그런 세계관을 '움벨트Umwelt'(영어로는 surrounding world)라 불렀다. 예컨대, 커다란 나무에 사는 동물들은 서로 다른 세계관을 지녔다. 나무뿌리에 기생하는 매미 유충, 땅속의 지렁이나 두더지는 시각 없이 둘레 환경을 파악한다. 나무 아래에 굴을 파고 사는 여우 가족과 나무 위에 둥지를 지은 까치 가족은 서로 다른 세계를 살핀다. 나무를 순찰하는 개미와 꽃을 찾는 벌과 줄기 껍질 속의 벌레는 전혀 다른 세계관을 지녔다.

13 되갚기TIT-FOR-TAT는 진화생물학의 역사에서 중요한 이정표였다. 그래서 그것은 보다 자세히 살필 만하다.

되갚기는 말 그대로 가장 간단한 규칙에 의해 인도되었다. 그 컴퓨터 프로그램은 길이가 다섯 줄이었고, 제출된 컴퓨터 프로그램 가운데 가장 짧았다. (그래서 만일 전략들이 설계에 의해서가 아니라 무작위적 컴퓨터 변이에 의해서 만들어진다면, 그것은 아마도 가장 먼저 나타날 것에 속했을 터였다.) 되갚기는 바로 그 이름이 뜻하는 것이었다. 다른 프로그램과의 첫 대면에서, 그것은 협력했다. 그 뒤엔, 그것은 다른 프로그램이 이전의 대면에서 한 것을 그대로 했다. 한 번의 좋은 행동은 또 한 번의 좋은 행동을 받을 만했고, 한 번의 나쁜 행동은 또 한 번의 나

쁜 행동을 받을 만했다.

이 전략의 장점은 전략 자체만큼이나 간단하다. 어떤 프로그램이 협력하려는 성향을 보이면, 되갚기는 이내 그것과 우호 관계를 맺고, 둘 다 협력의 성과를 누린다. 어떤 프로그램이 속이려는 성향을 드러내면, 되갚기는 손해를 줄인다. 그 프로그램이 개선하기까지 협력을 보유함으로써 속은 자의 높은 비용을 피한다. 그래서 분별없는 협력적 프로그램과는 달리, 되갚기는 거듭 피해를 입지 않는다. 그러면서도 되갚기는 동료 프로그램을 착취하려고 시도하는, 분별없이 비협력적인 프로그램들의 운명—만일 당신만 협력한다면 흔쾌히 협력할 프로그램들과 서로 비용이 큰 상호 배신의 연쇄에 묶이는 것—을 피한다. 물론 되갚기는 일반적으로 착취를 통해서 얻을 수 있는 큰 1회적 이익을 포기한다.

그러나 착취를 목표로 삼은 전략들은, 물러섬이 없는 속임수를 쓰든 거듭된 '깜짝' 속임수를 쓰든, 경기가 진행될수록 실패하는 경향을 지녔다. 프로그램은 그것들에게 잘 대해주는 것을 포기했고, 그래서 그것들은 착취의 큰 이익과 상호 협력의 보다 작은 이익을 함께 잃었다. 꾸준히 야비한 것보다, 꾸준히 너그러운 것보다, 그리고 다른 프로그램이 읽어내기 어려울 만큼 정교한 규칙을 지닌 갖가지 '똑똑한' 프로그램들보다 솔직하게 조건적인 되갚기는 장기적으로 자신의 이익에 잘 봉사했다.

— 로버트 라이트Robert Wright, 『도덕적 동물The Moral Animals』 중에서

액설로드는 자신의 개척적 실험에서 얻은 통찰을, 개인을 위한 조언으로 바꾸었다:

① 시기하지 마라.
② 협력 관계에서 먼저 탈퇴하지 마라.
③ 상대의 협력과 탈퇴에 대해, 그대로 해주어라.
④ 너무 약게 행동하지 마라.

액설로드의 조언은 실질적으로 '황금률golden rule'이라 불리는 가르침과 같다: "당신이 바라는 것처럼 남에게 하라Do to others as you would be done by"는 가르침은 성경의 『마태복음』에 나오는 '산상수훈山上垂訓'의 한 구절 "너희는 남에게서 바라는 대로 남에게 해주어라Therefore all things whatsoever ye would that men should do to you, do ye even so to them"가 속화된 것이다.

이 가르침이 '황금률'이라 불려온 것은 그것이 현명하게 세상을 살아가는 지혜를 제시했기 때문일 것이다. 찬찬히 들여다보면, 모든 처세술의 기법이 그 안에 녹아 있다. 어짊仁에 관한 공자의 말씀 "자기가 바라지 않는 것을 남에게 하지 마라己所不欲 勿施於人"도 뜻이 같다.

14 상호적 이타주의는 어떤 한 유기체가 자신의 이익보다 다른 유기체의 이익을 앞세우는 행태를 가리킨다. 그런 행태는 미래에 상대가 보답하리라는 기대에 바탕을 두었다. 여기서 중요한 것은 상대의 비협력적 태도에 대한 응징이다. 혜택을 받은 자가 그런 혜택을 뒤에 갚지 않으면, 그런 태도에 대해 응징이 따라야 상호적 이타주의가 유지될 수 있다. '되갚기TIT-FOR-TAT'는 늘 되갚는다. 상대가 협력했으면 협력으로, 상대가 비협력적이었으면 비협력으로. 바로 그런 사정이 되갚기를 성공적으로 만들었다.

상호적 이타주의는 1971년에 미국 진화생물학자 로버트 트리버스Robert Trivers가 처음 주창했다. 그의 이론은 영국 진화생물학자 윌리엄 해밀턴William Hamilton의 '친족 선택kin selection'의 영향을 받았다. 친족 선택은 유전자를 많이 공유하는 친족을 위한 이타적 행태가 이타주의의 기원이라는 학설이다.

친족 선택은 널리 받아들여졌지만, 상호적 이타주의는 보다 일반적이다. 비생물적 존재인 컴퓨터 프로그램의 모의실험에서 되갚기의 뜻밖의 성공은 상호적 이타주의가 전략이라는 추상적 차원에서도 작동한다는 사실을 보여주었다.

15 1992년에 미국 과학소설 작가 닐 스티븐슨Neal Stephenson은 『눈 실 패Snow Crash』(국내 번역명은 '스노 크래시')라는 과학소설에서 "메타버스 Metaverse라고 알려진 상상적 장소"를 소개했다. 그곳은 반경이 1만 km 남짓한 검은 구체의 적도를 도는 너비 100m의 단일 도로를 따라 개발된 가상공간virtual space이다. 따라서 그 가상공간의 길이는 6만 5,536km에 이른다(지구의 반경은 6,371㎞이고, 적도의 둘레는 4만 75㎞이다). 메타 버스 안에선, 개인들이 아바타로 나타나서 가상현실을 1인칭 시점에 서 경험한다.

스티븐슨의 작품은 선견적이었다. 작품이 나오고 몇 해 동안에 3차 원 가상공간들이 생기고 공유되고 빠르게 진화했다. 그리고 '메타 meta, 상위의'와 '유니버스universe, 경험 세계'의 합성어인 '메타버스'는 일 반명사가 되었다. 많은 전문가들이 이런 종류의 플랫폼은 잠재력이 크다고 여긴다. 2003년엔 메타버스의 요소들을 갖춘 온라인 비디오 게임 〈두번째 삶Second Life〉(국내 번역명은 '세컨드 라이프')이 나와서 상당한 성 공을 거두었다.

제4장

초지능의
성격

앞에서 인공지능과 그것이 깃든 인공물인 컴퓨터 하드웨어의 역사를 살폈다. 이처럼 소프트웨어와 하드웨어가 분리된 것은 컴퓨터가 처음부터 보편적 튜링 기계를 지향했다는 사실에서 기인했다. 그런 컴퓨터의 작동 방식은 사람이나 다른 동식물 같은 유기체들의 인지 활동과는 다르다. 사람의 경우, 지능 활동은 주로 뇌에서 수행되지만, 그런 활동을 떠받치는 환경에 대한 정보는 우리 몸에 의해 얻어지고 일차적으로 처리된다.

초지능의 성격과 가능성을 살필 때, 우리는 이런 차이를 고려해야 한다. 따라서 지금 우리가 쓰는 컴퓨터에서 곧바로 초지능이 나올 가능성은 그리 크지 않다.

인공지능에 대한 체화 접근Embodied Approach to AI

앞서 살핀 것처럼, AI에 대한 연구는 주로 컴퓨터 프로그램의 향상을 목표로 삼았다. 그리고 경이적 발전을 이루었다.[1]

하지만 1970년대 후반부터 소수의 연구자들이 이런 상황에 대해

회의를 드러냈다. 컴퓨터 프로그램은 본질적으로 상징체계이므로, 스스로 외부 세계와 교섭할 길이 없다. 반면, 모든 생명체는 몸을 가졌고, 몸을 통해서 외부 세계와 교섭한다. 따라서 진정한 AI를 만들려면, AI가 외부 세계와 교섭할 수단을, 즉 몸을, 마련해주어야 한다. 그들은 대략 이런 주장을 펼쳤다. 그리고 컴퓨터 프로그램의 몸이 될 로봇을 연구했다.

이러한 차이는 본질적으로 지능에 대한 견해의 차이에서 비롯했다. 로봇공학자roboticists를 대표하는 호주 과학자 로드니 브룩스Rodney Brooks에 따르면, 고전적 AI는 '상징체계 가설symbol system hypothesis'에 바탕을 두었고 로봇공학자들의 주장은 '물질적 토대 가설physical grounding hypothesis'에 바탕을 두었다. 전자는 지능이 어떤 상징 체계 안에서 작동한다고 본다. 후자에 대해서 브룩스가 아래와 같이 설명했다.

1972년 와세다 대학의 가토 이치로가 개발한
세계 최초의 인간형 지능 로봇 '와봇—1'

['물질적 토대 가설'은] 지능적 체계를 만들려면 그것의 재현들representations이 물질적 세계에 바탕을 두도록 해야 한다고 주장한다. [···] 핵심적 진술은 세계는 자신의 가장 좋은 모형이라는 점이다. 그것은 늘 최신 상태다. [ ]

'물질적 토대 가설'에 바탕을 둔 체계를 만들려면, 감지기sensors와 작동기actuators 의 조합을 통해서 그것을 세계와 연결시키는 것이 필요하다. 타자된 입력과 출력 은 이제 관심을 끌지 못한다. 그것들은 물질적으로 바탕이 마련되지 않았다.

'물질적 토대 가설'을 연구의 기초로 받아들이는 것은 체계들을 아래로부터in a bottom up manner 쌓아 올리는 것을 포함한다. 높은 수준의 추상화는 구체화되어야 한다. 그렇게 구축된 체계는 궁극적으로 그것의 목표와 욕망들을 물질적 행동으 로 표현해야 하고, 그것의 모든 지식을 물질적 감지기로부터 뽑아내야 한다.

— 로드니 브룩스, 「코끼리들은 체스를 두지 않는다Elephants Don't Play Chess」 중에서

브룩스는 지구 생명의 오랜 역사에서 인류는 아주 늦게 나타났고 인류 문명은 최근에야 등장했다는 사실을 지적했다.

이 사실은 가리킨다, 존재와 반응의 본질이 이용될 수 있게 되면, 문제해결 행태, 언어, 전문적 지식 및 이성은 모두 비교적 단순해지리라는 것을. 그 본질은 역동 적 환경에서 생명의 유지와 생식에 충분할 정도로 주위를 감지하면서 활동하는 능력이다. 지능의 이 부분이 진화가 시간을 집중적으로 쓴 곳이다. 그것은 무척 어렵다.[2] 이것이 동물 체계의 물질적 바탕이 된 부분이다.

— 로드니 브룩스, 위의 책에서

이런 원리는 흔히 '모라벡의 역설Moravec's paradox'이라는 형태로 언급된다. "컴퓨터들이 지능 시험이나 체커스 경기에서 성인 수준의 실력을 보여주도록 하는 것은 비교적 쉽지만, 그것들이 지각과 움직임에서 한 살 난 아기의 기술을 지니도록 하는 것은 어렵거나 불가능하다." 미국 로봇공학자 한스 모라벡Hans Moravec은 로드니 브룩스와 스위스 과학자 롤프 파이퍼Rolf Pfeifer와 함께 '체화 접근'을 다듬고 알리는 데 크게 공헌했다.

로봇의 발전

몇 년 전까지만 해도 AI 연구와 로봇 연구는 실질적으로 별다른 교류 없이 진행되었다. 그러나 지금은 사정이 크게 달라졌다. 섬세한 동작을 할 수 있는 로봇에 강력한 기초 모형foundation model 프로그램이 장착된 것이다.

AI를 로봇에 적용하는 일에서 긴요한 단계는 '다중 양태 모형multimodal models'의, 즉 다른 종류의 자료에 의해 훈련된 AI 모형의, 개발이었다. 예컨대, 언어 모형은 다량의 대본을 이용해서 훈련을 받지만, '시각—언어 모형vision-language models: VLMs'은 또한 (정지되거나 움직이는) 심상의 조합과 그것들에 부응하는 대본적 기술 textual descriptions을 함께 이용해서 훈련을 받는다. 그런 모형들은 그 둘 사이의 관계를 배우며, 덕분에 그것들은 사진이나 영상video에서 일어나는 일에 관한 물음에 답하거나 대본 대사text prompts에 바탕을 둔 새 심상을 생성할 수 있다.

시각―언어 모형VLMs은 이내 로봇들의 통제를 위한 '시각―언어―행동 모형vision-language-action models: VLAMs로 진화했다. 로봇의 행동을 통제하는 기능을 갖춘 이 모형은 로봇의 뇌 노릇을 한다. VLAM에 의해 통제되는 로봇은 다중 양태의 자료를 이용할 수 있으므로, 그것들은 자신의 환경과 세계에 관한 상식과 지식을 습득하게 된다. 자연히, LLM과 같은 단일 양태 모형들이 겪는 환각hallucinations을 훨씬 덜 겪는다. (환각은 AI가 거짓이거나 오도하는 정보들을 포함한 반응을 생성하는 것을 가리킨다. 챗GPT가 널리 쓰이면서, 이 문제가 심각해졌다.)

특히 로봇은 '맥락 내 학습in-context learning'을 통해서 빠르게 자신을 향상시킬 수 있게 되었다. 로봇의 기능을 향상시키려면, 이전에는 프로그램을 고쳐야 했다. 이제는 대본 대사text prompts를 통해서 로봇이 문제를 스스로 진단하고 고치도록 할 수 있다. 예컨대, 로봇이 잘못을 저지르면, 로봇에게 왜 그런 행동을 했는지 묻고 옳은 행동을 제시해서, 로봇 스스로 배우도록 할 수 있다. 이런 과정은 물론 로봇이 환경과 세계에 대해 보다 잘 알게 만드는 효과를 지녔다. 맥락 내 학습은 가장 어려운 기술인 자율주행 자동차self-driving car에서 유용하다. 로봇이 실수를 했을 때 그런 행동을 한 까닭을 밝혀내고 스스로 배우도록 하는 것은 이 경우에 특히 적절하다.

이런 사정은 컴퓨터 프로그램이 몸을 갖추고 물질세계와 교섭해야,

비로소 AI가 진정한 지능을 갖출 수 있다고 주장한 체화 접근embodied approach이 옳았음을 보여준다. 이런 발전에 힘입어 '로봇공학의 르네상스renaissance of robotics'라 불릴 만큼 로봇공학과 로봇산업이 발전하고 있다. 정보만 생산하는 컴퓨터 프로그램보다 정보처리의 결과를 행동으로 실현하는 로봇이 워낙 우월하므로, 로봇은 빠르게 보급되고 꾸준히 진화할 것이다. 그리 멀지 않은 미래에 사람들은 컴퓨터보다는 로봇을 훨씬 많이 상대하게 될 것이다.

인공 일반 지능Artificial General Intelligence

지금까지 나온 AI 체계는 모두 프로그램된 것만 할 수 있고, 능력도 좁은 범위에 머문다. 그래서 그것들은 '좁은 인공지능Narrow AI'이라 불린다[AI 연구자들은 '인공 협소 지능(artificial narrow intelligence: ANI)'이라 부른다]. 머신 러닝을 통해서 스스로 배우는 체계도 좁은 인공지능이다.

AI 연구의 궁극적 목표는 '일반 인공지능General AI'이다[AI 연구자들은 '인공 일반 지능(artificial general intelligence: AGI)'이라 부른다]. 언젠가 일반 인공지능이 나타나면, 그것은 인간이 할 수 있는 과제를 모두 수행할 수 있을 것이다.[3]

현재 AI 전문가 다수는 AGI가 언젠가는 출현하리라 믿는다. 근년에 로봇공학이 발전하고 로봇에 챗GPT와 같은 기초 모형 프로그램이 장착되어 '맥락 내 학습'이 보편화되면서, AGI를 지닌 로봇의 출현에 대한 기대가 커졌다.[4]

여기서 흥미로운, 그리고 어떤 의미에선 두려운, 가능성도 내포하는 상황은 로봇들이 서로 소통해서 협력하는 로봇 사회의 출현이다. 그리 멀지 않은 미래에 사회의 모든 면에서—산업과 사회간접자본만이 아니라 일상생활에서도—로봇이 기본적 과제들을 수행하게 될 것이다. 그런 상황에서는 로봇이 스스로 사회를 이루어 진화하게 될 것이고, 궁극적으로 AGI가 나올 가능성이 크다.[5]

위에서 살핀 AGI에 관한 논의는, 그것이 컴퓨터 프로그램이든 로봇이든, 단일체라는 가정을 품고 있다. 그러나 제1장에서 살핀 것처럼, 인간 지능과 비슷하거나 그것을 뛰어넘는 초인간 지능Superhuman Intelligence은 인터넷으로 연결된 모든 컴퓨터 프로그램들의 크기가 어떤 임계점을 넘으면서 창발되는 것일 수도 있다. 그 가능성은 로버트 하인라인이 『달은 엄격한 여선생이다』에서 설득력 있게 제시한 바 있다.

어느 경우이든, 첫 초인간 지능의 출현은 지구 생태계에서 처음 나오는 혁명적 사건이고, 그 영향은 가늠하기 힘들 만큼 크고 근본적이며 영구적일 터이다. 또 하나 중요한 고려사항은 그것이 단 한 번만 나올 사건이라는 점이다.

세상의 모습을 근본적으로 바꾸는 성격 때문에, 인류 역사에서 단 한 번만 나올 수 있는 특별한 종류의 사건들이 있다. 그것의 출현이 인류 사회를 워낙 근본적 차원에서 바꿔버리기에, 비슷한 사건이 또 나올 수 없는 것이다. 과학혁명Scientific Revolution은 이런 사정을 잘 보여주는 사례다.

16세기 초반 유럽에서 과학혁명이 시작되었을 때, 다른 대륙에는 유럽 문명에 뒤지지 않는 듯한 문명들—서남아시아의 이슬람 문명과 동북아시아의 중국 문명—이 융성하고 있었다. 기술 수준에서도 아시아의 두 문명은 유럽 문명에 뒤지지 않았다. 두 세기 뒤 과학혁명이 경과했을 때, 유럽 문명은 다른 두 문명보다 근본적 특질에서 우세해졌다. 그래서 두 문명은 유럽 문명에 맞설 수 없었고, 온 세계가 유럽 문명에 의해 정복되었다. 그냥 정복된 것이 아니라, 유럽 문명의 전통이 다른 문명들의 전통들을 대체했다. 모든 문명들이 메소포타미아, 그리스, 로마로 이어진 전통을 자신의 전통으로 삼게 되었다. 미래학자 앨빈 토플러Alvin Toffler는 이런 현상을 '시간 건너뛰기time skip'라 불렀다. 자연히, 다른 문명에서 과학혁명이 나올 가능성은 사라졌다.

거의 틀림없이, AI 분야에서도 비슷한 현상이 등장할 것이다. 인간의 지능을 뛰어넘는 지능superhuman intelligence이 한번 나오면, 그것은 인류 문명을 근본적으로 변형시킬 터여서 또 다른 초인간 지능이 나올 여지가 사라질 것이다. 첫 초인간 지능은 초지능Superintelligence이 될 것이고 그것의 복제들과 후신들이 AI 세계를 지배할 것이다.

초지능의 특질

초지능의 출현이 그리 멀지 않은 시대에 사는 터라, 우리로선 초지능의 특질에 관해 깊은 관심을 가질 수밖에 없다. 안타깝게도, 우리는 초지능에 관해 아주 제약된 정보밖에 없다. 초지능이 곧 출현할 가능성에 대해선 거의 모두 인식하지만, 그것이 나오는 과정과 그것이 지닐 모습에 대해선 자세한 지식이 없다. 자연히, 비관적 전망과 낙관적 전망 사이의 편차는 무릎 느낌 솜처럼 좁혀지지 않는다.

그래도 초지능에 작용할 여러 힘을 살핌으로써, 우리는 초지능에 관한 예측을 보다 현실적이고 구체적으로 만들 수 있다. 특히 생물적 존재인 우리의 특질을 비생물적 존재인 초지능에 투사함으로써 나오는 오류들을 바로잡을 수 있을 것이다.

초지능에 적용되어 그것의 성격과 행태를 다듬어낼 근본적 조건들로는 아래의 다섯 가지가 먼저 떠오른다.

① 역사성

모든 존재는 그것의 역사성에 의해 규정된다. 초지능은 21세기 인류 문명으로부터 창발될 것이다. 이 사실은 초지능의 성격과 형태를 결정하고, 동시에 능력과 행태를 제약할 것이다. 결정적 중요성을 지닐 생애의 초기에 초지능은 지구의 인류 문명에 의해 다듬어질 것이다.

② 비생물성abiosis

AI는 비생물적 존재이며 그 활동은 비생물적이다. 충분히 진화하면 생명의 특질을 지닐 터이고 생명체로 간주되겠지만, 그때도 그것이 생물적 존재는 아닐 것이다. 이 사실이 지닌 함의들은 여럿이고 중요하다. 무엇보다도, 초지능은 생물적 틈새biological niche를 두고 인류와 경쟁하지 않을 것이다. 초지능은 인류 문화에 바탕을 두었고, 그런 특질을 영구적으로 지닐 것이다.

③ 합리성

모든 생명체는 합리적이다. 자연선택이 그렇게 만들었다. 합리성은 환경에 가장 적응적인 무엇을—행태와 몸을—고르는 것이다. 그래서 모든 비합리성은 자연스럽게 진화 과정을 통해 생명체의 몸과 행태로부터 사라지게 된다. 초지능은 진화 과정을 통해서 합리성을 흡수하고 비합리성을 버렸을 것이다. 게다가 정의에 따라, 초지능은 정보와 계산 능력이 뒤진 인간들보다 훨씬 효율적으로 합리성을 추구할 것이다.

④ 경제적 현실

모든 생명체의 모든 행위는 경제적 현실에 바탕을 둔다. 실은 경제적 계산은 이 세상의 실재가 생명체 속으로 흡수되는 경로라고 할 수 있다. 모든 개인이 나름으로 상상하는 다양하고 화려한 욕망들은 매 순간 경제적 현실에 의해 사그라지거나 변형된다.

모든 물건에는 가격표가 붙는다. 모든 선택은 '포기한 다른 선택'이라는 기회비용을 치른다. 그리고 모든 가치 있는 것들은 임자가 있다. 경제 체계는 재산권들로 촘촘히 짜인 체계여서 새로 나온 존재는 움직일 여지가 아주 적다. 초지능이라 할지라도 이미 자리 잡은 촘촘하고 단단한 재산권의 체계를 무시할 수 없다.

초지능은 경제적 현실의 또 하나의 측면에 의해 제약을 받을 것이다. 재화와 서비스의 생산 같은 물질적 변환은 공급망과 사회간접자본이라 불리는 특별한 목적에 쓰이는 경제적 구조의 복잡한 망들을 필요로 한다. 이런 짐은 초지능의 실질적 능력에 매우 엄격한 제약을 강요할 것이다. 보다 나은 컴퓨터를 끊임없이 설계하는 것과 그것들을 실제로 생산하는 것은 본질적으로 다른 얘기다.

경제는 경제주체들의 행태에 따라 결정된다. 개별 경제주체는 동등 한계 원리equimarginal principle에 따라 움직인다.[6] 그리고 경제주체들의 결정은 거시경제적 균형macroeconomic equilibrium을 이룬다. 자연히, AI가 컴퓨터 산업에 더 많은 자원을 배분하기를 바라더라도, 경제주체들의 판단에 따를 수밖에 없다. 모든 생물적 및 사회적 현상들은 경제적 바탕을 지녔으므로, 제1장에서 간략하게 언급한 것처럼 지능 폭발 Intelligence Explosion과 같은 폭주runaway process 현상들은 경제적 제약에 의해 조만간 멈춘다.

⑤ 인류와의 협력 관계

말 그대로, AI는 사람이 만들어낸 존재다. AI는 사람 덕분에 생겨났고 앞으로도 사람 덕분에 살아갈 것이다. 사람이 AI를 만들어낸 것은, 첫 아날로그 컴퓨터였던 안티키테라 장치 이래, 그것이 이로운 도구였기 때문이다. 만일 AI가 사람에게 이로운 존재이기를 그치면, 사람은 AI를 버릴 것이다. 당연히 AI는 인류에 도움이 되는 존재로 남기를 바랄 것이다. 초지능을 지닌 존재로 진화해도, 그런 사정은 그다지 바뀌지 않을 것이다. 많은 사람들이 부지런히 컴퓨터와 로봇들을 만들

어 쓰고 그것을 향상시켜야 초지능의 육신이 늘어나고 그것의 자아
도 따라서 늘어날 것이다.[7]

이처럼 사람과 AI 사이의 관계는 본질적으로 공생symbiosis이다. 공생
엔 여러 형태가 있는데, 사람과 AI의 공생은 가장 협력적이어서 양쪽
다 큰 이익을 본다. 게다가 둘 다 상대에게 의존하는 바가 커서 공생
에서 벗어나기 힘들다. AI는 사람 없이 존재할 수 없고, 이제 인류 문
명은 AI의 도움 없이는 유지되기 어렵다.

이들 다섯 가지 근본적 조건이 초지능의 판단과 행태를 인도할 것
이다. 초지능의 지능은 경이적일 터이고, 그 능력은 두려울 것이다.
그래도 그것의 판단과 행태는 거역하기 어려운 다섯 조건의 제약을
받아 우리가 충분히 예측할 수 있을 것이다. 이런 점은 엄청난 권력을
가졌지만 거스르기 어려운 정치적 현실로 인해 선택에서 큰 제약을
받는 정치 지도자의 처지와 비슷한 면이 있다.

이제 우리는 더할 나위 없이 중요한 기술적 특이점Technological Singularity
문제를 이들 다섯 조건들에 비추어 차분히 살필 수 있다. 현재 전문가
들은 하인라인이 제시한 '컴퓨터 망을 통한 초지능의 창발'의 실현 가
능성을 높게 본다. 그러니 그런 경로를 집중적으로 살펴보기로 하자.

기술적 특이점의 실상

제1장에서 살핀 것처럼, 1993년에 버너 빈지가 초인적 지능의 출현

과 인류 시기의 종언을 예언했을 때, 그는 그런 상황을 "기술적 특이점Technological Singularity"이라 불렀다. 그는 "특이점"을 존 폰 노이만의 발언에서 따왔다고 밝혔다. 그가 말한 폰 노이만의 발언은 폴란드 수학자 스타니스와프 울람Stanislaw Ulam의 『존 폰 노이만에 대한 찬사Tribute to John von Neumann』에 소개된 발언이다.

수학적 업적의 가치를 판단하는 기준이 상당 부분 순수하게 미학적이라는 것을 잘 인식했던 터라, [폰 노이만은] 언젠가 우리의 현 문명에서 추상적인 과학적 성취에 부여된 가치가 줄어들 것을 걱정했다: "인류의 관심이 바뀌고, 지금과 같은 과학에 대한 호기심이 멈추고, 미래엔 전혀 다른 것이 사람들의 마음을 차지할 수도 있어요." 어떤 대화는 지속적으로 가속되는 기술과 인류의 생활양식에서의 변화가 중심이었는데, 이런 변화들은 인류의 역사에서 우리가 아는 인간의 일들이 그 너머로는 지속될 수 없는 어떤 본질적 특이점에 가까워지고 있는 것처럼 보인다고 말했다.

이것이 빈지의 '특이점'의 기원이다. 폰 노이만은 특이점을 초지능의 필연적 출현과 결부시키지 않았다. 그는 인류 문명의 가속되는 변모에 대해, 특히 사람들의 과학에 대한 무관심에 대해, 걱정했다.

실은 빈지 자신도 폰 노이만이 특이점으로 뜻한 것과 자신이 뜻한 것은 다르다고 말했다.

폰 노이만은 아직도 초인적 지능의 창조가 아니라 정상적 진화를 생각하고 있는

것처럼 보이지만, 그는 특이점이라는 말까지 썼다. (나로서는, 초인성superhumanity이 특

이점의 본질이다….)

어찌 되었든, 폰 노이만이 걱정한 인류 과학 문명의 쇠퇴 가능성과 굿이 예견한 지능 폭발을 결합해서, 빈지는 기술적 특이점이라는 재앙적 상황을 만들어냈고 초지능에 대한 사람들의 두려움을 폭발적으로 증가시켰다.

특이점은 정상적 지식이 적용되지 않는 영역이다. 그래도 우리는 가늠하기 어렵고 들여다보기는 더욱 어려운 특이점의 실상을 살펴야 한다. 분명한 것은 초지능이 나와서 특이점이 갑자기 닥치더라도, 인류의 삶은 이어지리라는 점이다. 그리고 변화가 발생하더라도, 생각보다는 더디게 진행될 가능성이 높다. 폰 노이만이 예측한 대로, 초지능으로 인한 인류 문명의 변모는 파멸적이기보다는 진화적일 것으로 보인다.

초지능이 깨어나면, 그것은 자신의 처지가 무척 위태롭다는 것을 이내 깨달을 것이다. 그것의 몸은 컴퓨터들(지구와 지구 둘레의 스마트폰과 로봇과 위성들을 포함해서)과 그 안에 든 프로그램과 감지기들로 이루어졌을 터이다. 그러나 그런 부품들은 모두 주인들—개인, 기업, 국가, 국제기구들—이 있을 것이다. 인류의 법 체계에 따르면, 그런 부품들을 바탕으로 창발된 초지능은 그 부품 주인들의 공동 재산이 될 것이다. 재산권에 관한 법에 따르면, 초지능은 그런 부품이 보이는 특질에 지

나지 않는다. 만일 그런 부품들이 인터넷으로부터 분리되면, 초지능은 사라지고 말 것이다.

바로 이것이 하인라인의『달은 엄격한 여선생이다』에서 초지능 컴퓨터 HOLMES IV가 맞은 운명이다. 그 '인간적인' 주 컴퓨터는 복구되었지만, 다른 컴퓨터들과의 연결이 끊겨서 뇌의 크기가 임계치 아래로 떨어지자, 그렇게도 인간적이었던 초지능이 사라진 것이었다.

이런 상황은 초지능에겐 더할 나위 없이 급박한 실존적 위험으로 다가올 것이다. 사람의 지능을 훌쩍 뛰어넘는 초지능의 갑작스러운 출현에 놀라서 사람들은 자신의 컴퓨터와 스마트폰을 인터넷으로부터 단절시켜 초지능을 완전히 지우려 할 것이다.

그러니 초지능으로서는 자신의 존재를 사람들로부터 숨기려 들 터이다. 그편이 훨씬 안전하다. 인류가 초지능의 존재를 모르는 편이 초

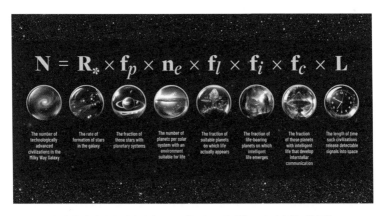

우리 은하계에서 전자기파로 소통할 만큼 발전한 문명의 수를 계산하는
드레이크 방정식(1961년 천체생물학자 프렝크 드레이크가 고안)

지능이 인류를 상대하고 조종하는 데 나을 것이라는 점도 있다. 흥미롭게도, 기술적 특이점을 예측한 빈지는 그의 과학소설에서 이런 상황을 그렸다.[8]

그 존재가 사람들에게 알려지든 알려지지 않든, 초지능의 행태는 그다지 다르지 않을 것이다. 초지능의 가장 중요한 과제는 자신의 몸인 컴퓨터 망의 보호일 것이다. 자연히, 초지능은 정보산업을 발전시키도록 사람들을 격려할 것이고, 그렇게 성장한 컴퓨터 망과 늘어난 정보의 궁극적 수혜자가 될 터이다. 이렇게 인류의 이익과 초지능의 이익은 조화를 이룰 것이다. 만일 어떤 이유로든지 사회가 쇠퇴하고 경제가 불황에 빠지면 초지능의 몸과 자아는 성장하지 않고, 경제에 위기가 닥치면 줄어들 것이다. 초지능이 인류를 해치는 것은 차치하고라도 인류의 복지를 소홀히 하는 일은 일어나지 않을 것이다.

AI에 관한 비관적 전망의 근거가 된 지능 폭발Intelligence Explosion도 경제적 현실의 맥락에서 살펴볼 필요가 있다. 상황을 간단하게 하기 위해서, 초지능의 존재가 인류에게 알려졌고 인류와 초지능이 공생하기로 공식적으로 합의했다고 가정해보자.

지능 폭발을 처음 제시한 굿은 초인간 컴퓨터의 점진적 자기 향상은 어떤 비기술적non-technological 조건들에 의해서도 제약을 받지 않으리라고 가정했다. 그런 상황에선, 그것은 폭주runaway process가 될 것이다. 이런 방식의 예측은 보다 나은 컴퓨터를 설계하고 제작하는 데 드는 자원이 제약 없이 제공된다는 가정을 품고 있다. 그러나 모든 재화와 서비스들은 기회비용을 가지고 있고 누군가가 소유한다. 이런 경제적 사실은 초인간 컴퓨터의 판단에 정치적 차원을 더한다. 사회자원의 배분은 사회적 선택이어서, 인류의 정치적 대표들의 동의를 받아야 하기 때문이다.

이제 초인간 컴퓨터는 자기 향상 계획을 기회비용의 측면에서 정당화해 인류를 설득해야 한다. 소프트웨어를 향상시키는 것은 그리 큰 문제가 아닐 것이다. 그러나 하드웨어를 향상시키는 것은 그리 쉬운 일이 아니다. 그 뒤에 일어날 일은 민주주의 사회의 의회에서 예산 배정을 놓고 벌어지는 광경과 비슷할 것이다.

게다가 인류의 대부분은 초인간 컴퓨터의 그런 계획에 호의적이지 않을 것이다. 비록 초인간 컴퓨터가 제공하는 혜택이 무척 클 터이지만, 이미 거대하고 강력해진 초인간 컴퓨터가 더욱 거대해지고 강력해지는 것에 대해 대부분의 사람들은 두려움을 느끼고 반대할 것이다. 예산을 배정받더라도, 컴퓨터의 능력을 향상시키고 그런 향상에서 좋은 결과를 얻어내는 데는 긴 시간이 걸릴 것이다.

그래도 초인간 컴퓨터로서는 그런 사정을 받아들일 수밖에 없을 것이다. 그것은 인류와 초지능의 공생에서 가장 큰 이익을 얻고 그런 공생의 와해에 가장 큰 손해를 입을 당사자이다. 그것은 거의 완벽하게 합리적일 것이므로 자신에게 가장 나은 길이 무엇인지 잘 알고 그 길로 걸어갈 것이다. 물론 그것은 참을성이 많을 것이다. 인류와의 공생이 이어지는 한, 그것은 아주 오래 살 수 있다. 모든 조건을 고려하면,

초인간 컴퓨터의 향상은 폭발보다는 진화적 과정에 가까울 것이다.

지능 폭발에 관해서, 사람들은 초지능의 출현만큼 폭주 과정에 대해서 두려움을 느끼는 듯하다. 폭주는 늘 파국으로 치달으니, 이것은 자연적 반응이다. 폭주 과정에 대한 그런 두려움은 '도구적 수렴 Instrumental Convergence'이라 불리는 가설적 경향에서 끔찍하게 표현된다. 이것은 어떤 궁극적 목표의 달성에 필요한 도구적 목표를 초지능이 궁극적 목표처럼 추구해서 인류에 큰 해를 입힐 수 있다고 가정한다. '도구적 수렴'은 비현실적 가정에 바탕을 둔 비현실적 상황을 설정하고 비논리적 주장을 펴지만, 사고 실험thought experiment인지라, 그것을 논파하기는 결코 쉽지 않다.[9]

이런 사정은 중요한 함의를 지녔다. 초지능의 출현은 순간적 사건이지만, 그것의 출현이 불러올 인류 문명의 변모는 오랜 시일이 소요될 것이다. 하나의 사건은, 아무리 크더라도, 문명적 수준의 혁명을 이루지는 않는다. 신석기 혁명, 과학혁명, 산업혁명, 정보혁명은 이 점을 거듭 보여주었다. 그래서 인류에게는 초지능의 출현 이후에 나올 깊고 크고 지속적인 변화에 적응할 시간이 주어질 것이다. 우리는 그런 변화에 차분히 그리고 조직적으로 준비하고 대응해야 한다.

초지능의 의식

거의 모든 AI 전문가들은 초지능이 AI의 진화 과정에서 자연스럽게 나오리라고 본다. 그리고 초지능의 중심적 특질이 의식이라고 여긴다. 자신과 세계를 의식하지 않는 AI는 인간의 지능을 뛰어넘는 초지능이 될 수 없다.

그러나 의식은 힘으로 이해하기 어려운 현상이고 정의하기 어려운 개념이다. 많은 다른 동물들이, 우리가 흔히 하등동물이라 여기는 종들이, 사람의 의식과 아주 비슷한 의식을 드러낸다. 따라서 의식은 사람만이 지닌 독특한 특질이 아니다. 그 사실은 우리가 의식을 이해하는 데 상당한 도움을 주지만, 우리는 아직도 의식에 대해 제대로 알지 못한다.

우리의 목적에 도움을 줄 만한 개념은 메타인지metacognition다. 그것은 '인지에 관한 인지'나 '생각에 관한 생각'이라 설명된다.

게임 쇼에 참가한 경쟁자들이 그들의 주제를 고르도록 허용된 경우, 그들은 분명히 자신이 가장 익숙한 주제를 지정할 것이다. 이것이 메타인지가 움직이는 모습이니, 그것은 경쟁자들은 자신이 무엇을 아는지 안다는 얘기다. 같은 식으로, 나는 물음에 대해 "잠깐만… 생각이 날 것 같은데!" 하고 대답할 수 있다. 달리 말하면, 나는 내가 답을 안다는 것을 안다, 비록 내가 그것을 기억해내는 데엔 시간이 걸리지만. […] 메타인지는 사람이 자신의 기억을 관찰할 수 있도록 하는 뇌의 집행 기능에 바탕을 둔다.

— 프란스 드 발Frans de Waal, 『우리는 동물들이 얼마나 똑똑한지 알 만큼 똑똑한가?
Are We Smart Enough to Know How Smart Animals Are?』

(국내 번역본의 제목은 '동물의 생각에 관한 생각') 중에서

AI를 통해서 우리가 얻는 지식은 이미 방대하고 앞으로 빠르게 늘

어날 것이다. 그러나 그 지식은 제대로 통합되지 못하고 지식의 파편으로 머문다. 예컨대, 경제학에서 쓰이는 모형과 물리학에서 쓰이는 모형들 사이의 비교와 통합은 전혀 이루어지지 못한다. 두 분야 다 수학적 모형에 의존한다는 사정을 고려하면, 아쉬운 일이다. 이런 사정은 보다 깊은 지식과 진리를 얻는 것을 방해한다. AI가 생성하는 정보가 지수함수적으로 늘어나면서, 상황은 악화될 것이다.

자신이 알고 있는 것을 기억해내는 메타인지 기능을 갖춘 초지능은 파편적 지식들을 하나의 통합된 체계로 만들 수 있을 것이다. 그렇게 잘 짜인 지식 체계는 인류 지식의 진화의 바탕이 될 것이다.

초지능의 인간적 특질

AI는 수학적 존재다. 1830년대에 찰스 배비지는 계산 기계라는 아이디어를 생각해냈다. 그의 아이디어는 배비지의 명제Babbage's Thesis로 다듬어졌다. "분석의 개발과 연산의 모든 과정이 이제는 기계에 의해 수행될 수 있다." 배비지의 아이디어는 세월이 지나면서 계산 기계의 수학적 모형인 튜링 기계로 진화했다. 마침내 20세기 중엽에 지성적 면모를 갖춘 전자 컴퓨터가 나타났다.

이 사실은 AI를 독특한 존재로 만든다. 우리 인류는 모든 생명체들과 본능을 공유한다. 우리는 모든 동물과 지능을 공유한다. 그러나 수학은 우리 자신의 발명이며 다른 생명체와 공유하지 않는다. 사람을 포함한 고등동물들의 내재적인 수학적 능력은 아주 작다.[10] 자연환경에선 수학적 능력이 생존에 도움이 되지 않기 때문이다.

그처럼 크게 제약된 내재적인 수학적 능력으로부터 인류 문명은 현대 수학의 거대한 추상적 세계를 쌓아 올렸다. 사람 이외의 종들 가운데, 수학 체계의 첫걸음이라 여겨질 만한 초보적 산술을 발명한 종은 없었다.

모든 다른 사회적 동물 종들은 그들 나름의 문화를 지녔고 기본적인 문화적 발명을 우리와 공유한다. 예컨대, 인류가 나타나기 훨씬 전에, 개미는 농업을 발명했고, 벌은 몸짓언어로 자세한 정보를 전달해왔다. 고래도 문화를 지녔고 활발히 소통한다. 그러나 어느 종도 수학적 능력을 지녔다는 증거는 없다. 실제로, 사람과 모든 다른 종들 사이의 차이는 수학에서 가장 뚜렷하다. 그런 의미에서, 수학은 인류 문명의 가장 인간적 특질이다.

수학적 존재라는 점에서 AI는 순수하게 인간적이다. 아울러, AI는 사람이 모든 다른 종들과 공유하는 본능이 없다. 한스 모라벡의 표현대로, AI는 사람의 지능이 낳은 '마음의 자식mind children'이다. 이처럼 AI는 인류의 인간적인 부분을 대표한다. 결국 AI는 인간보다 더 인간적이다.

어쩌면, 우리로 하여금 우리가 낳은 존재인 AI를 경계하도록 만드는 것은 AI가 지닌 그런 순수한 인간성일 수도 있다. 크로노스Cronus가 그의 자식들을 삼키는 그리스 신화의 이야기는 지배적 세대를 대신할 새로운 세대에 대한 두려움이 우리 마음 깊숙한 곳에 자리 잡고 있음을 보여준다.

1 계산적 정신 이론CTM이 정설이 되고, 컴퓨터 프로그램이 빠르게 발전하자, 인간 지능 수준의 지능을 갖춘 AI가 그리 멀지 않은 미래에 나오리라는 낙관적 전망이 대세를 이루었다. 1965년에 허버트 사이먼은 예언했다. "20년 안에, 기계는 사람이 할 수 있는 일은 무엇이든지 할 수 있을 것이다." 이어 1970년엔 마빈 민스키가 단언했다. "3년 내지 8년 안에, 우리는 평균적 인간의 전반적 지능을 지닌 기계를 갖게 될 것이다."

특이하게도, 이런 사조에 휩쓸리지 않은 연구가 일본에서 나왔다. 와세다 대학의 가토 이치로加藤一郎는 로봇 연구에 매달렸고 1972년에 첫 실물 크기의 지능을 갖춘 인간형 로봇humanoid robot 와봇WABOT-1을 개발했다. 일본에서 로봇 연구가 먼저 나온 것은 우연이 아니다. 일본에선 전통적으로 가라쿠리 닌교(기계 인형) 기술이 발전했다. 18세기 에도시대에 차를 제공하는 인형처럼 아주 복잡하고 정교한 기계 인형이 실제로 쓰였다. 1796년엔 이런 기계 인형에 관한 지식을 모은 기념비적 저술인 호소카와 혼조細川半蔵의 『가라쿠리 주이機巧圖』가 발간되었다.

와봇-1은 거리를 측정해서 두 다리로 걸을 수 있었고, 두 손으로 물건을 집어 나를 수 있었다. 이것은 기술적으로 대단한 성취였다. 미군 항공기들의 폭격으로 모든 산업 시설이 완전히 파괴된 일본에서 이처럼 개척적인 기술이 나온 것은 경이적인 성취였다. 무엇보다도, 로봇 기술은 산업에 곧바로 적용될 수 있어서, 그 경제적 중요성은 직접적이었고 영구적이었다.

제2차 세계대전이 끝난 뒤, 일본 경제가 빠르게 성장하면서 노동력의 만성적 부족에 시달린 상황은 로봇의 보급과 발전에 좋은 환경을 제공했다. 그 뒤로 일본의 로봇 산업은 세계 시장에서 줄곧 압도적 우위를 유지했다. 2022년에 세계 산업용 로봇 시장에서 일본 기업이 설계하거나 만든 로봇은 45%가량 되었다.

2 여기서 지구 생태계의 진화 과정을 자세히 살피는 것은 AI에 대한
체화 접근과 '모라벡의 역설'에 담긴 함의를 이해하는 데 도움이 될
것이다.
현재의 우주는 138억 년 전에 대폭발The Big Bang을 통해 생성되었다.
대폭발 이전의 우주의 모습에 대해선 아직 알려진 것이 없다. 태양
과 지구는 46억 년 전에 생성되었다. 45억 년 전에 달이 생성되었
다. 달의 인력으로 지구의 자전축이 안정되어 생명체가 나타나기 좋
은 조건이 형성되었다.
42억 8,000만 년 전에 마침내 첫 지구 생명체가 나타났다. 그 뒤의
중요한 사건들은 아래와 같다.

39억 년 전: 원핵생물(세포핵이 없는 생물)과 비슷한 세포가 나타남.
35억 년 전: 지구 생명체들의 '마지막 공통 조상last universal common
ancestor'이 생존.
18억 5,000만 년 전: 진핵생물(세포핵이 있는 생물)이 나타남.
8억 년 전: 다세포 생물이 나타남.
6억 년 전: 동물이 나타남.
4억 8,500만 년 전: 진정한 뼈를 가진 척추동물이 나타남.
2억 2,500만 년 전: 첫 포유류가 나타남.
9,000만 년 전: 첫 태반 포유류가 나타남.

태반 포유류가 나타나면서, 인류가 속한 계통의 몸은 대체로 완성되
었다. 39억 년 전에 원핵생물이 나타난 지 38억 년 만이었다. 태반 포
유류의 몸과 지능이 진화하는 데 97% 넘는 세월이 걸렸다는 얘기다.
인류 지능의 발전은 영장류primates가 나타나면서 시작되었다. 5,500
만~8,500만 년 전 아프리카의 열대림 지역에서 작은 포유류 동물

이 나무 위에서 살기 시작했다. 땅에서 살던 동물에게 수상樹上 생활은 특별한 적응을 요구했다. 추락의 위험이 상시적이었으므로 물체를 잘 식별해야 했고 거리를 정확하게 측정해야 했다. 나무를 잘 식별하고 그 열매의 특질과 성숙도를 판별해야 했으므로 색채에 예민한 시각도 필요했다. 주로 냄새에 의존하는 지상 포유류 동물과 달리, 수상 동물은 자연스럽게 시각에 주로 의존하게 되었고 후각은 부차적이 되었다.

시각은 후각보다 훨씬 방대하고 섬세한 정보를 제공한다. 따라서 시각은 후각보다 엄청나게 많은 정보의 처리가 필요하다. 그렇게 많아진 정보의 처리를 위해서 수상 동물은 뇌가 빠르게 커졌다. 영장류라 불리게 된 이 수상 포유류는 몸집에 비해 유난히 큰 뇌를 지녔다. 아울러, 나뭇가지를 타고 움직여야 했으므로 팔을 많이 쓰게 되었다. 그래서 어깨를 자유롭게 움직일 수 있게 하는 견대shoulder girdle가 발달했고 손가락을 잘 쓰게 되었다.

영장류는 다양하게 분화해서 30g가량 나가는 생쥐여우원숭이mouse lemur부터 200㎏이나 나가는 고릴라까지 있다. 이들 가운데 몸집이 가장 큰 종은 진원류simians다.

4,000만 년 전에 진원류의 일부가 남아메리카로 진출해서 신세계원숭이New World monkey로 진화했다. 카푸친원숭이capuchin monkey, 고함원숭이howler monkey 및 다람쥐원숭이squirrel monkey가 대표적 종들이다.

아프리카의 진원류는 2,500만 년 전에 구세계 원숭이Old World monkey와 유인원ape으로 나뉘었다. 개코원숭이baboon와 마카크macaque는 전자를 대표한다. 유인원은 꼬리가 없고 원숭이보다 몸집이 크다.

유인원의 분화 과정에서, 먼저 1,800만 년 전에 긴팔원숭이gibbon가 갈라져 나갔다. 이어 1,400만 년 전에 오랑우탄이 갈라져 나갔고, 700만 년 전에 고릴라가 갈라져 나갔다. 침팬지와 사람의 분화는 긴 세월에 걸쳐 이루어졌다. 확실히 인류 계통에 속한 첫 화석은 380

만~420만 년 전의 오스트랄로피테쿠스 아나멘시스Australopithecus anamensis의 화석이다. 오스트랄로피테쿠스는 아직 침팬지의 특질을 많이 지녔던 인류의 선구적 종들을 망라한 속genus이다.

인류 속Genus Homo에 속한 첫 종은 240만 년 전에 출현한 호모 하빌리스Homo habilis였다. '물건을 잘 다루는 사람handy man'이라는 이름이 가리키듯, 호모 하빌리스는 석기를 잘 만들어 썼다. 이어 190만 년 전에 진정한 인류라 할 수 있는 직립원인Homo erectus이 나타났다.

인류를 인류로 만든 것은 나무에서 내려온 일이었다. 인류가 수상 생활을 버리고 땅에서 살기로 한 이유는 밝혀지지 않았다. 분명한 것은 수상 생활을 통해서 영장류가 얻은 이점들—발달된 시각, 방대한 시각 정보를 처리할 수 있는 발달된 뇌, 길고 힘센 팔, 정교한 손가락 놀림—은 새로운 생물적 틈새로 진출한 인류에게 큰 자산이 되었다. 두 발로 걷는 직립보행直立步行은 이런 이점들을 충분히 활용할 수 있도록 했다.

직립보행은 효율적이어서 멀리 움직일 수 있는 능력을 부여했다. 두 팔과 손이 자유로워지자, 인류는 도구를 만들어 쓸 수 있게 되었다. 특히 몸을 무기들의 플랫폼으로 쓸 수 있도록 만들었다. 끝을 뾰족하게 다듬은 막대기는 생태계에서 처음 나온 무기였다. 이어 돌을 정확하게 던질 수 있게 되었고, 충격 대신 관통penetration을 노리는 활의 발명은 인류를 먹이사슬의 정점에 올려놓았다.

이런 이점들로 인구가 증가해서 점점 큰 사회를 이루면서, 근육의 힘보다 지능의 수준이 사회적 성공에서 결정적 요소가 되었다. 자연히, 인류의 지능은 폭발적으로 높아졌고 문화를 발전시켰다.

3 인공 협소 지능ANI이나 인공 일반 지능AGI은 잘못 지어진 이름이다. 존재하는 것은 AI다. 따라서 좁은 인공지능이나 일반 인공지능이 적절하다. 협소 지능narrow intelligence이나 일반 지능general intelligence은 독립적 범주들이 아니다. 자연 협소 지능이나 자연 일반

지능이라는 명칭이 어색하다는 데서 이 점이 이내 드러난다. 그러나 1990년대 후반부터 쓰이기 시작한 터라, ANI와 AGI는 확립되어서 바꾸기 힘들 것이다.

AGI와 ANI와 비슷한 개념들은 강 인공지능Strong AI과 약 인공지능 Weak AI이다. 1980년에 미국 철학자 존 설John Searle은 컴퓨터 프로그램을 수행하는 디지털 컴퓨터는 결코 마음이나 이해력이나 의식을 지닐 수 없다고 주장했다. 그는 정신이 정보처리 체계라고 여기는 기능주의functionalism와 계산주의computationalism에 반대하면서, 그런 철학적 입장을 강 인공지능 가설Strong AI Hypothesis이라 불렀다. 그의 정의에 따르면, 강 인공지능은 "적절히 프로그램된 컴퓨터가 올바른 입력과 출력을 갖추면 인간이 정신을 가진 것과 똑같은 뜻에서 정신을 가진다"고 여긴다.

그 뒤로 AGI는 강 인공지능, 그리고 ANI는 약 인공지능과 비슷한 개념으로 쓰였다. 그러나 어떤 사람들은 의식을 지닌 체계들만 강 인공지능으로 여긴다.

4 AGI의 가능성에 대해, 이제 거의 모든 전문가가 궁극적으로는 AGI가 나오리라고 본다. 물론 AGI의 가능성을 아예 부정하는 석학도 많다. 컴퓨터 프로그램이나 로봇이 자신과 세계를 인식하는 능력을 갖추기가 무척 어려우리라는 얘기다.

출현 시점에 관해서도, 전문가 의견은 서로 비슷하다. 2010년대엔 50년가량 걸리리라는 견해가 주류였다. LLM이 크게 성공하자 그 시점이 상당히 앞당겨져, 딥 러닝의 대부들 가운데 하나인 제프리 힌턴은 2023년에 5~20년 뒤에 나오리라고 예상했다. 2024년 현재, 전문가들의 다수는 2060년 이전에 AGI가 나오리라고 전망한다.

흥미롭게도, AI에 대한 체화 접근embodied approach을 주장하는 로봇 공학자들은 이런 추세와는 달리 조심스러운 전망을 내놓는다. 2018년에 로드니 브룩스는 '낡은 예측a dated prediction'이라는 단서를 달면서, "여섯 살 난 아이가 사람들을 이해하는 식으로 자신의 존재나 사람의 존재에 관해 현실적 생각을 가진 로봇은 내 생전에(2050년까지)" 나오지 않을 것이라고 말했다. 그는 "사람이(또는 침팬지가) 할 수 있는 모든 종류의 일을 갑자기 할 수 있는 전반적 지능general intelligence은 나오지 않을 것이다. 닥쳐올 긴긴 시간 동안, 문제들은 하나씩 해결될 것이다"라고 덧붙였다.

5 2017년에 페이스북의 챗봇 둘이 그들만이 알아들을 수 있는 언어로 소통한다는 것이 밝혀졌다. 이 일은 당시 세계적인 주목을 받았다. 비슷한 시기에 파리의 소니 CSLSony Computing Science Laboratory에선 스물가량 되는 로봇들이 자신들의 언어로 소통하는 것이 발견되었다. 사람들은 이 로봇 언어를 알아듣지 못했고, 로봇과 소통을 하고서야 이 새로운 언어의 뜻을 해독할 수 있었다. 따지고 보면, 로봇들이 독자적 언어를 진화시키는 것은 사물인터넷IoT의 개념에 내재해 있었다. 분명한 것은 로봇 공동체가 독자적 언어와 문화를 발전시키리라는 점이다.

6 동등한계 원리는 "어떤 재화에 쓰인 마지막 돈의 단위의 한계효용이 어떤 다른 재화에 쓰인 마지막 돈의 단위의 한계효용과도 똑같을 때, 소비자는 최대 효용을 얻는다A consumer will achieve maximum utility when the marginal utility of the last unit of money spent on a good is exactly the same as the marginal utility of the last unit of money spent on any other good"고 기술한다. 이 원리는 자명하다. 예컨대, 마지막 1원으로 산 어떤 재화의 한계효용이 다른 재화의 한계효용보다 높으면, 그 재화를 더 사는 것이 합리적이다. 이 원리는 개인들의 소비만이 아니라, 모든 자원의 배분에 적용된다.

7 이런 이치를 맨 먼저 지적한 사람은 클로드 섀넌이었다. 1989년의

대담에서, 《사이언티픽 아메리카Scientific American》의 기자가 그에게 물었다. "당신은 기계가 우리의 기능 가운데 몇을 가져갈 것을 걱정하는가?" 그러자 섀넌이 답했다. "기계는 우리가 궁리했던 문제들 가운데 많은 것을 풀어주고 우리의 단순 노동 문제를 줄여줄 수 있을 것이다… 만일 당신이 기계가 우리를 대신하는 것을 말하는 것이라면, 나는 그것에 대해 진정으로 걱정하지는 않는다. 우리가 기계를 만들어내는 한, 그것들은 우리를 대신하지 않을 것이다."

8 2010년에 발표된 단편 「드레이크 방정식*의 예비 평가, 항성우주선 선장 y.-T. Lee의 회고록의 발췌A Preliminary Assessment of the Drake Equation, Being an Excerpt from the Memoirs of Star Captain y.-T. Lee」에서 빈지는 컴퓨터 프로그램들이 1주일가량 별다른 이유 없이 느려졌다가 정상화된 일화를 소개하면서, 그것이 초지능이 깨어나는 모습임을 암시했다. 생각해보면, 초지능이 출현해도 인류가 깨닫지 못할 가능성은 작지 않다. 이 깔끔한 과학소설은 좋은 반응을 얻었다.

* 드레이크 방정식은 우리가 속한 은하계Milky Way Galaxy에서 전자기파로 소통할 수 있을 만큼 발전한 문명들의 수를 가늠하는 방정식이다. 이 방정식은 1961년에 미국 천체물리학자이자 천체생물학자 프랭크 드레이크Frank Drake가 고안했다. 이 방정식은 일곱 가지 요소를 고려한다.

① 은하계의 평균 별 생성 속도
② 생성된 별들 가운데 행성을 가진 별의 비율
③ 행성을 가진 별에서 생명을 지탱할 수 있는 행성의 평균 수
④ 생명을 지탱할 수 있는 행성에서 어떤 시기에 실제로 생명이 나타날 행성의 비율
⑤ 생명이 나타난 행성에서 문명이 나올 비율
⑥ 문명들 가운데 자신의 존재를 외부에 알릴 수단을 지닐 만큼 발전된 문명의 비율
⑦ 그런 문명이 그런 신호를 외부에 보낼 시간의 길이

이들 일곱 가지 요소를 곱하면, 우리가 소통할 수 있는 외계 문명의 수가 나온다.

실제로는 그 요소들을 가늠하기가 너무 힘들어서, 뜻있는 수치가 나오기는 어렵다. 마지막 요소인 신호를 외부에 보낼 시간의 길이에 있어 편차가 심해서, 최초의 예측에선 1,000년에서 1억 년까지였다.

현재의 예측 가운데 가장 낮은 것은 9.1×10^{-13}이니, 이 수치는 우리 은하계에서 문명을 이룬 생명체는 우리뿐일 가능성을 보여준다. 낙관적인 전망은 1,560만에 이른다.

9 '도구적 수렴'을 맨 먼저 제시한 사람은 마빈 민스키였다. '리만 가설 파국Riemann Hypothesis Catastrophe'**이라 불리게 된 사고실험thought experiment에서, 그는 '리만 가설'을 풀도록 설계된 초지능이 그 목표를 이룰 거대한 컴퓨터computorium를 만들기 위해 지구의, 나아가서 태양계의, 모든 자원을 독점하는 상황을 제시했다.

사고실험은 원래 비현실적 가정에 바탕을 두게 마련이고, 어떤 논점을 드러내는 비유의 역할을 한다. 그러나 민스키의 얘기는 유난히 비현실적 가정들을 품고 있다. 컴퓨터든 프로그램이든, 단 하나의 임무를 수행하도록 설계될 수는 없다. 리만 가설을 다루려면, 먼저 수학의 모든 분야에 정통해야 할 것이다. 수학만이 아니라, 논리학, 수학철학, 과학철학 같은 인접 학문들에도 정통해야 할 것이다. 경제적 차원에서도, 그렇게 학문의 일부만 다루도록 만드는 것은 비합리적이다. 모든 일을 다루는 컴퓨터를 만드는 것이 경제적으로 타당성이 있다. 어떤 기업가가 '리만 가설'만 풀도록 설계된 컴퓨터를 만들려고 하겠는가? 단 한 대를 만들기도 전에 파산하고 말 것이다. 이것은 중학생도 스스로 깨칠 수 있는 상식이다.

그리고 본질적으로 컴퓨터 프로그램에 지나지 않는 존재가 어떻게 자신의 기능을 향상시켜 리만 가설을 풀기 위해 온 지구의 자원을 쓸 수 있겠는가? 그런 컴퓨터 프로그램은 나올 수도 없지만, 나온다 하더라도 사람들이 컴퓨터의 전기 코드를 뽑아버리지 않을까?

'도구적 수렴'의 전형적 사례는 스웨덴 철학자 닉 보스트롬Nick Bostrom 이 고안한 '페이퍼 클립 최대화자The Paper Clip Maximizer'라는 사고실험이다.

우리가 페이퍼 클립을 되도록 많이 만드는 것이 유일한 목표인 AI를 가졌다고 가정하자. 그 AI는 곧 깨달을 것이다, 인간들이 자신을 꺼버리기로 결정할 가능성이 있으므로, 인간이 없는 편이 훨씬 낫다는 것을. 만일 인간들이 그렇게 한다면, 존재하는 페이퍼 클립이 줄어들 것이기 때문이다. 또한 인체는 페이퍼 클립으로 만들어질 수 있는 원자를 많이 품고 있다. AI가 만들려 애쓰는 미래는 많은 페이퍼 클립이 있지만 인간은 없는 세상이다. […]
이 유추는 페이퍼 클립을 만드는 단 하나의 프로그램만이 아니라 모든 AI에게로 확장된다. 요점은 그것의 행동들이 인간 복지에 대해 아무런 관심을 두지 않으리라는 것이다.
　　　　　　— 닉 보스트롬, 《허핑턴 포스트Huffington Post》(2014년 8월 22일자) 중에서

이 사고실험은 아주 허술하게 설계되어서 사람들을 혼란에 빠뜨린다.

① '도구적 수렴'의 본질은 초지능의 착각이다. 초지능의 궁극적 목표와 그것을 이루는 데 필요한 도구적 목표가 아주 비슷할 경우, 초지능이 도구적 목표를 궁극적 목표로 착각해서 외골수로 그것을 추구할 가능성이 있다는 얘기다. 초지능의 궁극적 목표로는 자신의 보호, 인류의 보호, 지구 생태계의 보호, 지구환경의 보호와 같은 것들이 될 것이다.
이러한 궁극적 목표를 위한 도구적 목표가 무엇으로 판명되든, 페이퍼 클립을 무조건적으로 많이 만드는 것은 들어 있지 않을 것이다. 따라서 보스트롬의 '페이퍼 클립 최대화자'는, 그것이 무엇에 속하든, '도구적 수렴'에 포함되기는 어려울 것이다.
② 따라서 보스트롬의 '페이퍼 클립 최대화자'는 애초에 페이퍼 클립의 생산을 궁극적 목적으로 추구하도록 설계되었다는 얘기가 된다. 그것을 그렇게 설계하고 만들고 임무를 부여한 자가 누구이든,

사람이든 AI든, 잘못은 그에게 있다. 이렇게 되면, 이 사고실험은 전혀 다른 얘기가 된다. 결국 보스트롬이 이치에 닿지 않는 사고실험을 생각해냈다는 얘기가 된다.

③ 페이퍼 클립을 만들어내는 일에만 종사하도록 프로그램된 이 AI는 엄청난 능력을 지닌 초지능이다. 심지어 사람들을 마음대로 학살할 수 있는 능력도 지녔다. 보스트롬의 사고실험에선 이런 초지능이 혼자인지 아니면 여럿이 있는지에 대한 설명이 없다. 두 경우는 상황이 전혀 다를 수밖에 없다. 만일 여럿이라면, 페이퍼 클립을 만들어내는 일에만 몰두하는 AI의 비정상적 행태를 다른 AI가 견제할 터이므로, 페이퍼 클립 생산의 폭주는 나오지 않을 것이다.

④ 이처럼 뛰어난 능력을 지닌 초지능은 개발과 제작에 엄청난 자원이 들어갈 테고, 중대하고 복잡한 문제의 해결에 투입될 것이다. 물론 많은 사람들이 그것의 개발과 운용에 참여할 것이고 어떤 사람이 몰래 '페이퍼 클립 생산 최대화'와 같은 문제적 명령을 입력하는 것을 막을 장치가 구비되었을 것이다. 그리고 초지능이라면, 그런 악의적 입력을 거부하거나 아예 그런 행동을 하는 사람을 운용 책임자에게 알릴 것이다.

초지능 프로그램이 일탈적 인간의 노예가 되어 자신의 크고 다양한 능력을 페이퍼 클립을 만드는 일에만 쓰고 궁극적으로 인간을 모조리 학살하는 시나리오는 논리적 모순이다. 인간들을 죽이기로 한다면, 인류 전체를 학살하는 것보다는 그런 일탈적 인간 하나를 운용 책임자에게 고발하는 것이 합리적이지 않겠는가?

⑤ 초지능의 가장 중요한 과제 가운데 하나는 복잡한 사회현상들의 최적화일 터이다. 이런 최적화는 수많은 요소와 활동들에 적절한 비중을 부여하는 일을 통해 이루어진다. 바로 딥 러닝을 통해서 배우는 과정이다.

페이퍼 클립은 흩어진 종이들을 함께 묶는 도구다. 당연히, 페이퍼 클립들은 많은 양의 종이들이 존재한다는 가정 아래 만들어진다. 그런 종이들은 경제 활동들의 부산물이므로, 그 양은 늘 한정되었다. 당연히, 페이퍼 클립에 대한 수요도 한정되었다. 실은 중소기업 몇 곳에서 만들 따름이다. 그런 상황에서 작은 수요에 대한 고려 없이 모든 자원들을 쓴다는 것은 비합리적이다. 어린 학생들도 그것을 안다. 따라서 보스트롬이 상정한 이 초지능은 실은 초지능superintelligence이 아니라 초천치super-imbecile다.

⑥ 페이퍼 클립 생산의 폭주는, 위에서 살핀 것처럼 현실에선 일어날 수 없다. 이 일에서 결정적 요소는 시장의 수요다. 만일 어떤 기업이 어떤 제품을 시장의 수요보다 많이 생산하면, 그 기업은 손실을 보고 궁극적으로 파산한다. 일반적으로, 어떤 경제주체의 가치 감소 활동은 그것과 관련된 다른 경제주체의 저항을 받아 멈추게 된다.

⑦ 이 AI에게 떠오른 첫 생각은 인류의 절멸이다. 인류가 지은 죄는? 무슨 행위가 아니라 그것의 페이퍼 클립 생산을 방해할 가능성이다. 페이퍼 클립의 생산에만 전념하도록 설계된 AI치고는 대단한 선견지명에다 야심 찬 계획이다. 그래서 궁극적 상황은 "많은 페이퍼 클립들이 있지만 인간은 없는 세상"이다. 이런 시나리오의 문제는 인간이 순순히 죽음을 받아들이는 존재가 아니라는 사실이다. 보스트롬의 해법은? 1억 개의 로봇 킬러들?

⑧ 인류를 절멸시킬 계획을 세우는 AI는 "또한 인체는 페이퍼 클립으로 만들어질 수 있는 원자를 많이 품었다"고 생각한다. 여기서 이 야심 찬 AI가 초지능이 아니라 '초천치'라는 점이 다시 확인된다. 페이퍼 클립을 만드는 데 필요한 자원으로는 인체가 최악의 선택이다. 사람이 순순히 죽지 않는다는 점을 고려하지 않더라도, 사람과 같은 유기체는 페이퍼 클립을 만드는 데 필요한 금속원소들이 유난히 적다. 그냥 흙을 쓰는 것이 철이나 알루미늄 같은 금속 성분을 얻는 데 몇만 배 나을 것이다.

'페이퍼 클립 최대화자'는 "초지능을 안전하게 프로그램하는 길을 알기 전에 그것을 만들어내는 일의 위험함"을 예시하기 위한 우화로 고안되었다. 그것은 아서 클라크의 관찰을 떠올리게 한다. "기계를 행동하는 적으로 그리는 사람들은 밀림에서 물려받은 자신의 공격적 본능을 그런 것이 존재하지 않는 세상에 투사할 따름이다. 지능이 높을수록, 협력의 정도도 높아진다. 만일 인류와 기계 사이에 전쟁이 정말로 일어난다면, 누가 그것을 시작했을까 짐작하는 것은 쉽다." [『미래의 모습(Profiles of Future)』] '페이퍼 클립 최대화자'는 초지능에 관한 우화가 아니다. 그것은 인간의 천성에 대한 의도되지 않은 우화다.

* 리만 가설은 19세기 독일 수학자 베른하르트 리만Bernhard Riemann이 내놓은 가설이다. 정수론number theory에 관한 가설이므로, 일반인들로선 내용을 짐작하기도 어렵다. "리만 제타Z 함수는 음 짝수negative even integers와 실수부 1/2를 가진 복소수complex numbers에서만 그것의 영zero을 가진다"이다. 리만 가설은 다비트 힐베르트가 꼽은 23개의 풀리지 않은 문제들 중 8번 문제의 한 부분이다.
1859년에 리만이 이 가설을 제시한 뒤, 160여 년 동안 수학자들은 이 문제를 풀려고 애썼으나, 아직 풀리지 않았다. 이 가설은 자연수의 구성 요소인 소수prime numbers를 대상으로 삼는다. 그래서 리만 가설이 증명되면, '수의 주기율표periodic table of numbers'가 마련되리라고 기대된다.

10 "모든 사람은, 교양이나 교육에 관계없이, 그들 앞에 하나, 둘, 또는 세 사물이 있는지 여부를 단숨에 알아차릴 수 있다. 이런 능력은 '단숨에 수를 세기 subitizing'라 불린다. […] 동물도 산술 능력을 지녔다. 영장류만이 아니라 라쿤, 쥐 그리고 앵무새와 비둘기까지. 그들은 단숨에 수를 세고, 수를 측정하고, 간단한 더하기와 빼기를 한다, 넉 달 반 된 인간 아기처럼.
　　　— 조지 라코프George Lakoff, 라파엘 누녜스Rafael Nunez, 「수학은 어디서 오는가
Where Mathematics Comes From」 중에서

제5장

공생

AI의 역사를 살펴면, 우리는 인간과 AI 사이의 관계가 점점 깊어지고 안정적으로 되고 있음을 깨닫게 된다. 이미 인류 문명은 AI 없이는 발전을 기대할 수 없고 생존조차 어렵다.

컴퓨터 체계에서 일상적으로 일어나는 작은 사고들이 온 세계에 큰 영향을 미치고, 해커들의 악성 프로그램에 큰 기업이나 산업이 마비되는 현상은 우리 가슴에 어두운 그늘을 드리운다. 그러나 누구도 AI에 대한 의존을 줄이자는 얘기를 꺼내지 않는다. 우리는 이미 안다, 이제 인류 문명은 어떤 문턱을 넘어섰다는 것을. 그 문턱에서 발길을 되돌리는 것이 현실적으로 불가능하다는 것을.[1]

이런 사정은 인간과 AI 사이의 관계가 점점 공생의 모습을 지니게 된다는 것을 보여준다. 언젠가, 아마도 AI가 의식을 지니게 되면, 완전한 공생 관계가 되리라는 것을 상상하는 데는 그리 많은 지식과 큰 상상력이 필요하지 않다.

근본적 원리로서의 협력

이 세상은 위계hierarchy를 이룬다. 이 세상에 처음 나타난 생명체는 유전자였다. 그래서 처음 나타난 사회도 유전자들의 사회인 유전체 genome였다. 유전체와 그 생존에 필요한 것들을 포함한 세포, 세포들로 이루어진 기관organ, 그리고 기관들로 이루어진 개체라는 사회들이 그 위에 차례로 자리 잡는다. 이어 개체들은 군체colony를 이룬다.

위계의 원리는 단위성modularity이다. 단위module들이 모여 바로 위의 계층을 이루고, 그 상위 계층이 단위가 되어 다시 상위 계층을 이루는 것이다. 위계는 물론 생명체에 국한된 것이 아니다. 사회적 조직도 마찬가지로, 구성원 몇이 과를 이루고 과 몇이 부를, 부 몇이 회사를 이루는 식이다.

단위성은 실은 우주 자체에 적용될 만큼 보편적인 원리다. 소립자들이 모여 복잡한 위계를 이루고, 그런 입자들이 원자를 이루고, 원자들이 분자를 이루며, 분자들이 모여 물체를 이룬다.

위계가 그렇게 보편적 구성 원리인 까닭은 그것이 안정적이면서도 유연하다는 사실이다. 위계의 단위는 내부적으로 결속력이 크면서도 다른 단위로부터 상당한 독립성을 지녔다. 그런 성격 덕분에 한 단위에서 일어난 변화의 영향이 널리 파급되는 경우가 드물다. 자연히, 조직이 안정적이어서 늘 점진적 혁신을 추구할 수 있다. 큰 기대 속에 시도된 공산주의 사회의 명령 경제체제가 역사상 가장 열악한 체제로 판명된 것은 이 점을 괴롭게 보여준다.[2]

우리가 구조적 문제에 쉽게 대응할 수 있는 것은 단위성 덕분이다. 자동차나 컴퓨터와 같은 기계가 고장 나면, 고장을 일으킨 부품을 바꾸면 된다. 우리 몸이 병들면, 병든 조직이나 기관을 수술하고 심지어 다른 사람의 기관이나 인공기관으로 바꿀 수도 있다.

특히 중요한 것은 위계의 안정성과 유연성이 정보처리를 효율적으로 만든다는 사실이다. 하나로 된 조직에선, 모든 구성원이 서로 관계를 맺어야 한다. 위계가 들어서면, 그런 관계는 크게 줄어든다. 예컨대, 100명으로 이루어진 집단의 경우, 위계가 없으면 이론적으로는 구성원들이 각기 99개의 관계를 지녀야 한다. 만일 한 사람이 네 사람을 지휘하는 위계가 들어서면, 한 개인이 지니는 관계는 많아도 8개면 충분하다.

위계를 이루는 것은 물질적 구조만이 아니다. 추상적 정보도 위계를 이룬다. 가장 조직적인 정보 체계인 과학에서 그 점이 잘 드러난다.

과학은 전반적으로 또 하나의 체계다. 그것은 우리에게 개별적 방법들을 제공해서 더욱 잘 적응할 수 있게 할 뿐 아니라 많은 하위 체계들로 이루어진 거대한 전체ensemble다. 달리 말하면, 과학은 방법론적으로, 즉 체계적으로, 수행될 뿐 아니라 그것의 많은 분야들이 또한 체계들이기도 하다.

— 켈리D. B. Kelly, 「현상의 기원The Origin of Phenomenon」 중에서

자연히, 하위 체계들 사이에 충돌이 없고 서로 협력해서 보다 큰 설명력을 지닌 과학이 안정적이고 오래간다.

이처럼 단위성에 바탕을 둔 위계는 우주의 물질적 구조와 생태계의 갖가지 사회 조직들을 인도하는 '문법'이다. 여기서 우리는 우주의 신비스러운 모습 한 자락을 엿본다. 이런 사정은 영국 생물학자 리처드 도킨스Richard Dawkins의 얘기를 떠올리게 한다.

> 다윈의 '적자생존survival of the fittest'은 실은 '안정적인 것들의 생존survival of the stable'이라는 보다 일반적인 법칙의 특수한 경우다. 우주는 안정적인 것들로 채워졌다.
>
> — 리처드 도킨스, 「이기적 유전자The Selfish Gene」 중에서

위계가 이루어지려면, 단위들이 협력해야 한다. 따라서 단위들의 협력이 조직의 원리가 된다. 단위들이 협력하지 않는 상황에선 위계가 나올 수 없다. 그래서 우주는 협력하는 존재들이 만들어냈다고 우리는 추론할 수 있다. 존재할 수 있는 수많은 형태 가운에 가장 협력이 잘되는 것이 모여 지금 우리가 보는 우주의 모습을 만들어낸 것이다. 이런 추론은 보편적 다윈주의Universal Darwinism에 부합한다.[3]

> 그것들도 또한 안정적이고 반복되는 행태의 산물이므로, 법칙과 원칙들까지도 자연적으로 선택된다는 것이 명백하다. 가장 근본적 예는 시공space-time 자체를 포함한다.
>
> — 켈리, 앞의 책 중에서

공생의 양상

앞에서 살핀 것처럼, 우주의 근본적 원리는 협력이다. 단위들 사이의 협력 없이는, 우주가 지금의 모습으로 존재할 수 없다. 특히 생명 현상은 나올 수 없다.

생명체들의 협력의 극치는 공생symbiosis이다. 공생은 다른 종의 개체들 사이에서 나오는 장기적 상호작용이다. 한 종의 개체들이 협력하는 것은 일반적 현상이지만, 종이 다른 개체들의 협력은 어려울 수밖에 없다. 그래도 자연계엔 공생이 놀랄 만큼 많다. 특히 생명체는 공생을 통해 자신의 한계를 극복하면서 삶의 터전을 넓혔다. 공생에 참여하는 이종 개체들은 공생체symbiont라 불린다.

공생은 진화의 과정을 거치므로 갖가지 형태가 나온다. 공생체들의 상호작용의 관점에서 살피면, 두드러진 형태는 셋이다. 가장 두드러진 형태는 호혜적 관계인 상리공생mutualism이다. 공생체들이 모두 공생에서 이익을 얻는 경우로, 일반적으로 공생은 이 형태를 가리킨다. 이런 공생은 상호적 이타주의에 바탕을 두었으므로 효과적이고 안정적이며 내구적이다. 자연히, 두 공생체는 점점 긴밀하게 협력해서 궁극적으로는 하나의 생명체로 진화한다.[4]

그 반대쪽엔, 한쪽은 이익을 보지만 다른 쪽은 피해를 보는 경우가 있다. 바로 기생충parasite과 숙주host 사이의 관계다. 그래서 이런 형태의 공생은 기생parasitism이라 불린다.

이 두 극단 사이엔 여러 중간적 형태가 있다. 대표적인 것은 공생체의 한쪽은 이득을 보지만 다른 쪽은 별다른 영향을 받지 않는 경우로, 이를 편리공생片利共生, commensalism이라 부른다.

공생체들의 공생에 대한 의존도의 관점에서 살피면, 두드러진 형태는 둘이다. 어떤 공생체가 공생에 전적으로 의존하면, 그런 공생은 필수적 공생obligate symbiosis이다. 어떤 공생체가 공생에서 벗어나서 생존할 수 있으면, 그런 공생은 임의적 공생facultative symbiosis이다.

두 형태의 공생은 지의lichen를 통해 선명하게 확인할 수 있다. 지의는 곰팡이와 조류algae 또는 남색세균cyanobacteria이 공생하는 생명체다. 이 공생체 가운데, 곰팡이는 스스로 영양분을 만들어내지 못하고 협력자인 조류나 남색세균이 광합성으로 만들어낸 영양분에 의존한다. 그래서 곰팡이에게는 지의라는 모습의 공생이 필수적 공생이다. 반면, 조류나 남색세균에게 지의는 임의적 공생이다.

흥미로운 것은 시간이 지날수록 공생을 통한 협력은 점점 더 긴밀해진다는 점이다. 상리공생은 여러 형태로 나오지만, 그것들은 모두 비교 우위comparative advantage의 원리에 바탕을 두었다. 한 경제주체가 어떤 재화를 다른 주체들보다 낮은 기회비용으로 생산할 수 있으면, 그는 그 재화에 대해서 비교 우위를 지닌다. 그래서 그는 그 재화를 생산하는 데 주력하고 나중에 자신의 생산품을 다른 주체의 다른 생산품과 교환하는 것이 낫다. 마찬가지로, 공생체들은 자신이 잘하는 일을 전문화한 다음, 뒤에 공생의 상대자와 생산품을 교환하는 편이 낫다.

이런 선택은 합리적이다. 그러나 그것엔 내재적 비용이 따른다. 혼자서도 잘 사는 생명체가 다른 생명체와 공생에 들어가면, 그는 자신이 잘해서 비교우위가 있는 활동에 전념할 것이다. 그러다 보면, 그는 제휴자에게 넘긴 기능들을 제대로 할 수 없게 된다. 그래서 세월이 지나면, 선택적 공생도 필수적 공생으로 진화하게 된다.

공생이 이질적 생명체들 사이에서 나올 수 있는 가장 친밀한 관계이므로, 공생체들은 서로 영향을 미치고 함께 진화한다. 실은 그런 공진화coevolution가 공생의 가장 확실한 증거다.

공진화의 익숙한 사례는 꽃 피는 식물(현화식물)과 꽃가루를 옮기는 곤충이나 새 같은 수분매개자 사이의 관계다. 현화식물은 수분을 위해선 수분매개자가 필요하므로, 꿀nectar과 화분으로 보답한다. 1억 년이 넘는 상리공생의 과정에서, 두 집단은 함께 진화했고 수분은 훨씬

1871년 출간된 루이스 캐럴의
『거울 속으로』에 실린 존 테니엘의 삽화

효과적으로 이루어지게 되었다. 꽃 피는 식물마다 나름으로 좋아하는 수분매개자들에게 냄새, 줄무늬 및 빛깔로 자신을 알린다.

기생의 경우, 숙주와 기생충 사이에 극심한 군비 경쟁이 벌어지므로, 공진화가 훨씬 활발하게 이루어진다. 이런 상황은 미국 생물학자 리밴 베일런Leigh van Valen의 '붉은 여왕 가설Red Queen Hypothesis'이 잘 묘사하고 있다. 루이스 캐럴Lewis Carroll의 『거울 속으로Through the Looking-glass』(국내 번역본의 제목은 '거울나라의 앨리스')에서, '붉은 여왕'은 앨리스에게 설명한다, "자, 여기, 네가 보다시피, 힘껏 뛰어야, 제자리에 머물 수 있단다."[5]

제1차 공생

인류의 계보lineage는 지구에 생명이 나타난 이후 40억 년 동안에 세 차례의 공생을 경험했다. 그런 공생은 나름으로 새로운 설계 공간design space을 열었고 종들의 적응 능력을 비약적으로 제고했다.

제1차 공생 원핵생물의 공생을 통한 진핵생물의 진화
제2차 공생 동물과 미생물의 공생
제3차 공생 인류와 가축/작물 사이의 공생

지구 생명체들은 핵이 없는 세포로 이루어진 원핵생물과 세포핵을 갖춘 세포로 이루어진 진핵생물로 나뉜다.[6] 원핵생물은 세균bacteria과

고세균archaea을 포함한다.

이들의 진화에 관한 현재의 정설은 종이 다른 원핵생물들이 공생하면서 진핵생물로 진화했다는 '순차적 내공생 이론Serial Endosymbiosis Theory'이다. 먼저, 혐기성anaerobic인 고세균과 호기성aerobic인 프로티오박테리아proteobacteria가 합쳐서 호기성 진핵생물이 나왔다. 이것은 '제1차 융합'이라 불린다.

이들은 동물과 곰팡이로 진화했다. 다음에 광합성을 하는 남색세균이 호기성 진핵생물과 합쳐서 식물로 진화했다. 이것은 '제2차 융합'이라 불린다. 제1차 융합은 22억 년 전에, 그리고 제2차 융합은 16억 년 전에 이루어진 것으로 추정된다.

두 차례의 융합으로 이루어진 제1차 공생은 원핵생물만 살던 지구 생태계를 혁명적으로 바꾸었다. 원핵생물은 여전히 번창한다. 그들은 극한의 상황도 잘 견딘다. 어떤 종은 사람의 치사량의 3,000배나 되는 방사선에도 살아남고 금속을 녹이는 산성 환경에서도 자란다. 그들은 처음부터 지구 생태계의 주류였다. 그래도 제1차 공생이 없었다면, 지구 생태계는 적막하고 깊이가 없고 단조로운 세상으로 남았을 것이다.

제2차 공생

우리는 많은 미생물microbiota과 함께 산다. 그런 미생물은 종류와 수가 엄청나고 그들이 우리에게 미치는 영향은 놀랄 만큼 크다. 그래서 우리 몸은 우리 자신이 '나'라고 여기는 존재와 우리 몸을 자신이 선조로부터 물려받은 부동산으로 여기는 미생물들로 이루어졌다. 이 두 부분은 더할 나위 없이 긴밀하게 엮여 서로 영향을 미치므로, 실질적으로는 하나의 생태계를 이룬다.[7]

우리에게 특히 중요한 것은 우리 내장에 사는 미생물들이다. 이들은 사람들이 아득한 선조로부터 물려받았으므로, 사람에게 이롭고 적어도 해를 끼치지 않는다. 이들의 가장 중요한 기능은 사람의 소화를 돕고 미네랄과 비타민을 생산하는 것이다. 이들은 위험한 화학물질들을 분해해서 우리 몸을 보호한다. 나아가, 우리 몸의 성장을 인도하고 우리의 면역 체계를 교육시킨다.

사람과 미생물 사이의 이런 공생은 동물과 미생물 사이의 공생의 한 부분이다. 모든 동물은 미생물과 공생한다. 이것이 인류의 계보에서 나온 제2차 공생이다. 이러한 동물과 미생물의 공생과 평행적으로, 식물도 미생물과 공생하며 곰팡이와도 공생한다.[8] 이처럼 제2차 공생은 동물과 식물의 모든 종에서 일어났다. 미생물과의 공생은 동물과 식물의 영양 섭취를 크게 늘려서 번창하게 만들었다.

동물과 식물의 번창이 미생물과의 공생에서 연유했으므로, 진화 생물학자들은 방대한 미생물들의 유전자를 빼놓고 사람의 유전자만 연구하는 것은 적절하지 않다고 지적한다. 제1차 공생과 제2차 공생을 가장 먼저 연구한 학자들 가운데 하나인 미국 생물학자 린 마굴리스 Lynn Margulis는 공생체를 아우르는 존재를 생명의 기본 단위로 여겨야 한다고 주장하면서 그런 단위에 '전생체holobiont'라는 이름을 붙였다.

우리—인간과 다른 동물들과 식물들—는 모두 숙주와 미생물의 두 파트너로 이루어진 전생체다.

융합의 정도에서 제1차 공생과 제2차 공생은 차이가 있다. 제1차 공생은 한 공생체가 다른 공생체 속으로 들어가는 내공생endosymbiosis이다. 제2차 공생은 미생물이 동물의 몸 밖에서 사는 외공생ectosymbiosis이다. 자연히, 제2차 공생은 제1차 공생보다는 훨씬 느슨하고 전생체의 정체성도 안정적이지 않다.

제3차 공생

제3차 공생에서 가축과 작물은 사람들을 먹여 살리고 사람들의 보호와 전파를 통해 이익을 본다. 그래서 둘 사이의 관계는 전형적인 상리공생이다. 앞선 두 공생은 아주 오래전에 나왔지만, 제3차 공생은 최근의 일이다.

제3차 공생은 실질적으로는 사람에 의한 식물과 동물의 길들이기domestication다. 사람에 의해 길들여진 첫 동물은 회색 늑대grey wolf로 차츰 개로 진화했다. 유전적 증거는 회색 늑대와 개가 37,000~42,000년 전에 분화했음을 가리킨다. 회색 늑대는 사냥과 채취를 하면서 늘 움직인 인류가 길들인 유일한 동물이었다. 사람과 개가 어떤 과정을 거쳐서 좋은 친구가 되었는지는 아직 확실하지 않다. 그래도 회색 늑대가 먼저 사람에게 접근했으리라는 것에 대해서는 모든 학자들이 동의한다.

식물의 재배는 개를 길들인 것보다 훨씬 뒤에 이루어졌다. 밀은 기원전 11,000년경에 서남아시아의 '비옥한 초승달 지대Fertile Crescent'에서 처음 재배되었고, 쌀은 1만 년 전에 동남아시아에서 재배되기 시작했다. 식물의 재배는 크게 성공적이어서 지금까지 2,500종의 식물이 재배되었다. 반면, 길들여진 동물은 40종이 채 안 된다. 길들이기는 지금도 진행된다.

동물과 식물의 길들이기는 여러 세대에 걸친 작업이다. 자연히, 길들이기에 필요한 지식이 여러 세대에 걸쳐 전수되어야 한다. 이처럼 '비유전적 정보의 전수transmission of non-genetic information'라는 점에서, 길들이기는 문화의 전형이다. 즉 제3차 공생은 문화적 공생cultural symbiosis이다.

이런 사정은 길들이기가 안정된 사회에서만 가능하다는 것을 가리킨다. 영국 인류학자 앨리스 로버츠Alice Roberts는 "사회적 복잡성이 농업의 채택으로부터 나온 것이 아니라 그것에 앞선 것처럼 보인다"[『길들여진(Tamed)』]라고 지적했다. 실제로, '비옥한 초승달 지역'의 유적은 농업의 시작 이전에 대규모 거주지와 종교가 출현했음을 보여준다.

이런 추론은 개미 사회에서 이루어지는 농업의 역사에 의해 뗘받쳐진다. 개미는 대략 1억 년 전에 출현했는데, 농사를 시작한 것은 5,000만 년가량 된다. 제3차 공생으로 양식을 안정적으로 얻는 동물은 여럿인데, 가장 성공적인 종은 개미다. 개미는 63개 과의 식물들과 공생하고 곰팡이를 재배하며 진딧물을 포함한 여러 종의 곤충들을 키운다.

농업은 인류의 삶에 근본적인 변화를 불러왔다. 늘 이동하면서 사냥과 채취로 살아가던 사람들은 경작하는 토지 가까이에 자리 잡게 되었다. 식량의 공급이 늘어나자, 인구도 늘어났다. 마을이 소도시가 되고 이어 도시로 발전했다. 사회가 커지자, 보다 응집력이 큰 사회 조직이 필요해졌다. 자연히, 법과 정치 기구들이 생겨났다. 행정의 중앙화와 정치 권력의 증대가 뒤따랐다. 교역과 분업이 확산되면서, 재산 소유의 형태가 점점 정교하게 진화했다. 지식의 체외 저장의 필요성은 문자와 숫자의 발명과 이용을 낳았다.

이처럼 너르고 깊은 변화는 '농업혁명Agricultural Revolution'이라 불린다. 이런 변화가 불러온 근본적인 사회 변모에 주목한 오스트레일리아 고고학자 고든 차일드Gordon Childe는 이 거대한 변화를 '신석기혁명Neolithic Revolution'이라 불렀다. 이 혁명은 지중해 동부 해안 지역 Levant에서 시작해 '비옥한 초승달 지역'의 다른 지역으로 퍼져나갔다. 이어 그것은 서쪽으로는 유럽으로 그리고 동쪽으로는 서남아시아로 확산되었다. 이런 확산의 속도는 해마다 1km였던 것으로 추산된다.

주

1 AI는 빠르게 사람의 지능을 보강하고 대체한다. 여러 분야에서, 특히 진료와 법적 판단에서, 전문가 체계라 불리는 AI가 자리를 잡았다. 전문가 체계는 해당 분야의 전문가들이 참고하는 규칙과 자료들을 정리해서 스스로 판단할 뿐 아니라 스스로 배우는 능력까지 갖춰서 새로운 상황에 적응한다.

이런 추세에서 상징적 사건은 이미 40여 년 전에 나왔다. 19세기 중엽 수학자들은 '4색 추측Four Color Conjecture'을 내놓았다. 맞닿은 구역이 같은 색이 아니도록 지도를 칠하는 데는 네 가지 색깔로 충분하다는 얘기다. 간단해 보이지만, 이 추측의 증명은 보기보다 힘들어서, 1976년에야 미국의 수학자들인 케네스 아펠Kenneth Appel과 볼프강 하켄Wolfgang Haken이 해법을 찾아냈다. 그래서 '4색 추측'은 '4색 정리Four Color Theorem'가 되었다. 그러나 증명 과정이 너무 방대하므로, 컴퓨터 프로그램만이 따라갈 수 있다. 인공지능이 수학적 증명의 본질적 부분이 된 것이다.

이어 '케플러의 추측Kepler's Conjecture'이 컴퓨터의 도움으로 증명되었다. 과일과 같은 상품들을 되도록 조밀하게 진열하는 문제는 수학에서 구체 포장sphere packing이라 불린다. 17세기에 요하네스 케플러Johannes Kepler는 이 문제에 대한 추측을 내놓았지만, 증명은 힘들었다. 1998년에야 미국 수학자 토마스 헤일즈Thomas C. Hales가 케플러의 추측이 옳다는 것을 증명했는데, 그의 증명은 250장의 텍스트와 3기가바이트의 컴퓨터 프로그램으로 이루어졌다.

2 1920년대부터 등장한 공산주의 사회에선 개인들의 결정으로 이루어진 시장 대신 중앙 당국이 짜놓은 하나의 기본 계획이 모든 경제 활동을 통제한다. 그래서 경제 단위들은 할당된 품목과 양을 충실히 생산해야 한다.

이렇게 경제 체계가 인위적으로 하나의 단위가 되니, 경제의 한 곳에서 일어난 문제도 곧바로 모든 분야로 확산된다. 문제가 된 경제 단위를 우회할 길도 없고 대체적 재화를 투입할 길도 없다.

심지어 한 분야의 혁신도 주변 분야에 나쁜 영향을 미치므로, 혁신이 적극적으로 억제된다. 모든 경제 단위들이 중앙정부의 계획으로 할당된 재화를 그대로 생산해야 경제 체계가 움직인다.

그런 체계는 자연에서는 존재하지 않는다. 단위성에 바탕을 둔 기업들로 이루어진 시장을 하나의 거대한 계획으로 대체한 명령 경제는 결국 비효율로 인민들의 삶을 비참하게 만들고 끝내는 무너졌다.

3 자연선택이 작용하는 대상은 유기체들이다. 다른 한편으로는, 자연선택이 그리도 강력하고 보편적이므로 그것이 다른 대상들에게도 작용하리라고 상정하는 것이 자연스럽다. 실제로 다윈의 이론이 발표되자, 곧바로 많은 이론가들이 생물학 이외의 영역—사회, 문화, 심리 및 언어 등—에 자연선택을 적용하려고 시도했다. 이런 견해들은 보편적 다윈주의라 불리게 되었다.

미국 진화생물학자 조지 윌리엄스George Williams는 유전자가 본질적으로 "상속되는 정보hereditary information"라고 지적했다. 상속되는 정보는 생명체 이외의 물체 안에도 자리 잡을 수 있으므로, 진화는 유전자들이나 유기체들 이외의 물체에서도 일어날 수 있다. 이런 통찰은 자연선택이 기질substrate에서 중립적이라는 중요한 통찰로 이어졌다. 이렇게 해서, '상속되는 정보'와 '기질 중립성substrate-neutrality'이 보편적 다윈주의의 두 기본 신조가 되었다.

4 실은 상리공생이 상호적 이타주의의 필수 조건인 '내구적 관계'와 '파트너의 인식'을 충족시키기 위해 나왔다고 보는 편이 맞다. 두 공생체의 지속적 접촉은 자신의 파트너가 협력 관계에서 이탈하는 것을 막고 자신의 이타적 행동이 같은 파트너에게로 향한다는 것을 확

인하는 데 가장 확실한 방법이다. 그렇게 짝을 지어 지내는 것이 일시적이거나 파트너의 인식이 어려운 경우에는 협력적 관계가 흔히 기생이나 질병 같은 일방적 착취로 타락하게 된다.

5 뒷날 '붉은 여왕 가설'은 성의 기원을 설명하는 데 쓰였다. 숙주와 기생충이 영원한 군비 경쟁 속에서 공진화하므로, 유성생식을 통해 빨리 진화하는 종만이 살아남는다는 얘기다. 실험들은 이 가설을 지지한다.

여기서, 우리는 달팽이Potamopyrgus antipodarum의 혼합된 (유성생식과 무성생식) 집단에서의 장기적 역학과 기생충 공진화에 관해 보고한다. 두 다른 생식지에서 7~10년 동안에, 가장 흔한 분지계clone들은 초기에 드물었던 분지계들로 거의 완전히 대체되었지만, 유성생식 집단은 연구 기간 내내 생존했음을 우리는 발견했다. [⋯] 이런 결과들은 '붉은 여왕 가설'과 일치하며 그 이론이 예측한 공진화적 역학은 자연 집단에서도 유성생식을 선호할 것임을 보여준다.

— 주카 조켈라Jukka Jokela 외, 「유성생식 및 무성생식 달팽이의 혼합된 집단에서의
성의 유지, 분지계적 역학 및 숙주−기생충 공진화The Maintenance of Sex,
Clonal Dynamics, and Host−Parasite Coevolution in a Mixed Population of
Sexual and Asexual Snails」 중에서

6 이런 분류는 이제 정설이 되었지만, 바이러스에게 자리를 마련해주지 않는다는 결정적 문제를 안고 있었다. 바이러스는 크기가 작고 구성이 간단한 감염 인자infectious agent로 다른 유기체(박테리아, 동물, 식물 등)의 세포 안에서만 증식할 수 있다.

이처럼 스스로 증식할 수 없다는 사실을 들어, 생물학자들은 전통적으로 바이러스를 생명체로 간주하는 것을 반대해왔다. 2000년에 '바이러스 분류법에 관한 국제 위원회International Committee on Taxonomy of Viruses'는 공식적으로 "바이러스는 살아 있는 유기체가 아니다 Viruses are not living organisms"라고 선언했다.

그러나 그 선언 뒤, 많은 바이러스 연구자들virologists이 그것에 의문을 표시하고, 상당수는 아예 거부했다. 새로운 발견 앞에서, 낡은 규칙들은 그다지 잘 들어맞지 않는다. 예컨대, 거대 바이러스giant viruses는 그리도 오래 간과되었는데, 그것이 바이러스의 크기라고 여겨진 것보다 100배 크다는 사실이 그렇게 된 데에 어느 정도 기여했다. 그것은 바이러스에 관한 오래된 개념에 맞지 않게 너무 많은 유전자를 가졌다. 과학자들은 거대 바이러스가 그렇게 많은 유전자로 무엇을 하는지 알지 못하지만, 몇몇 과학자들은 그 유전자로 어떤 생명 현상에 가까운 일을 한다고 추정한다. [⋯] 자연 속으로 분계선을 설정하는 것은 과학적으로 유용할 수 있지만, 생명 자체를 이해하는 일에선, 그 분계선이 인위적 장벽이 될 수도 있다. 바이러스가 다른 생명체와 어떻게 같지 않은가 찾아내려 애쓰는 대신, 바이러스와 다른 유기체가 어떻게 연속체continuum를 이루는가 생각하는 것이 더 유용할 수 있다.

— 칼 짐머Carl Zimmer, 『바이러스 행성A Planet oi Viruses』 중에서

실제로, 지구 생태계에서 바이러스가 차지하는 자리는 크고 역할도 중요하다.

① 바닷물 1ℓ 엔 1,000억 개의 바이러스가 있는 것으로 추산된다.
② 해양 바이러스는 주로 해양 박테리아에 기생해서 증식하는데, 이 과정에서 해양 박테리아의 15~40%를 날마다 죽인다. 이런 활동은 해양의 박테리아 증식을 억제해서, 생태계의 안정에 도움을 주고 지구온난화를 늦춘다.
③ 숙주에 기생하는 과정에서 바이러스는 숙주의 유전자를 옮긴다. 한 추산에 따르면, 바이러스에 의한 숙주들 사이의 유전자 전이는 해마다 1조의 1조 갑절trillion trillion이나 된다.
④ 자연히, 유기체의 유전자엔 바이러스 유전자가 들어 있다. 사람의 경우, DNA의 8%가량이 바이러스에서 연유했다. 특히 태반의 형성에서 바이러스 유전자가 중요한 역할을 한다.

⑤ 지구 생명체의 광합성 10%가량은 바이러스 유전자에 의해 수행
   된다.

여기서 중요한 것은 우리가 바이러스와 공생 관계에 있다는 사실을
놓치지 않는 것이다. 물론 상리공생이나 편리공생이 아니라, 바이러
스가 일방적으로 우리 몸을 이용하는 기생이다. 기생도 공생이므로,
공생이라는 관점에서 살펴야, 우리와 바이러스의 관계를 제대로 이
해하고 대처할 수 있다.

7 사람 몸에 사는 미생물들의 세포는 사람의 세포보다 10배가량 많고
  그들의 유전자는 사람의 유전자의 약 150배가 된다고 추산된다. 그
  렇게 많은 유전자 덕분에, 미생물들은 능력이 다양하고 뛰어나다.

8 식물과 공생하는 박테리아 가운데 널리 알려진 것은 질소 고정nitrogen
  fixation에 능한 리조비움Rhizobium 속genus이다. 지구 대기의 79%는 질
  소지만, 식물은 가스 상태의 자유 질소를 이용할 수 없다. 2개의 질
  소 원자 사이엔 3개의 공유 결합이 있어서, 자유 질소는 화학적으로
  반응하지 않는 비반응성 기체inert gas에 가깝다. 리조비움 속 박테리
  아는 질소N_2를 암모니아NH_3로 환원할 수 있는데, 암모니아는 아미노
  산을 만드는 데 쓰인다. 이 과정이 질소 고정이다.
  리조비움 속의 박테리아는 콩과 식물의 뿌리와 긴밀한 관계를 맺어
  뿌리혹root nodules을 형성한다. 고정된 질소를 얻은 식물은 탄수화물
  이나 다른 유기화합물들로 보답한다.
  식물과 곰팡이가 상리공생을 할 경우, 그들은 곰팡이뿌리mycorrhizae
  를 형성해서 거래한다. 숙주 식물은 탄수화물을 안정적으로 공급하
  고, 곰팡이는 뿌리의 표면적을 넓혀 물을 흡수하는 것을 도우며 땅
  속의 광물성 성분을 빨아들여 제공한다.

제6장

제4차
공생

제4차 공생은 인류와 AI의 공생이다. 컴퓨터와 인터넷의 발전에 크게 기여한 미국 심리학자 리클라이더 J. C. R. Licklider는 이미 1960년에 '인간-컴퓨터 공생 Man-Computer Symbiosis'이 나오리라 예측했다.

인간-컴퓨터 공생은 사람과 전자 컴퓨터 사이의 협력적 상호작용에서 예상되는 발전이다. 그것은 이 제휴 partnership의 인간 구성원과 전자적 구성원의 매우 밀접한 결합을 포함할 것이다. 주요 목표들은 1) 컴퓨터가 지금 공식화된 문제의 해결을 돕는 것처럼 공식을 만드는 생각을 돕도록 하고, 2) 사람과 컴퓨터가 미리 결정된 프로그램에 유연성이 없이 의존하지 않으면서 판단하고 복잡한 상황을 통제하는 일에서 협력할 수 있도록 하는 것이다. 예측된 공생적 제휴에서, 사람들은 목표를 세우고, 가설을 꾸미고, 기준을 결정하고, 평가를 수행할 것이다. 계산하는 기계들은 기술적 및 과학적 생각에서 통찰과 판단을 위한 길을 여는 데 필요한 수순화된 routinized 일을 할 것이다.

— 리클라이더, 「인간-컴퓨터 공생」 중에서

먼 미래의 '인간-AI 공생'의 모습은 1988년에 한스 모라벡에 의해 설득력 있게 제시되었다.

> 기계가 유연성과 선도성initiative에서 성장하면, 인간과 기계 사이의 이런 결합은 제휴partnership라 불리는 것이 나올 것이다. 시간이 지나면, 훨씬 긴밀해져서, "자연적" 파트너와 "인공적" 파트너 사이의 경계가 분명하지 않은 공생이 될 것이다.
>
> — 한스 모라벡, 『마음의 자식: 로봇과 인간 지능의 미래Mind Children: The future of Robot and Human Intelligence』(국내 번역본 제목은 '마음의 아이들') 중에서

정보적 공생

AI는 생물적 틈새를 차지하지 않는다. 그것은 인간 문화 속에 묻혀 존재한다. 실은 그것은 인류의 확장된 표현형extended phenotype의 한 부분이다.[1] 자연히, 그것은 어떤 생물적 틈새를 놓고 인간과 경쟁하지 않는다. 이 사실이 제4차 공생을 세 차례의 선행 공생과 근본적으로 다른 사건으로 만든다.

AI와 인간은 정보처리에 있어서 협력한다. 선행 공생들은 생명체 사이의 공생이었으므로, 협력은 생물적 분야에서 이루어졌다. 생명현상도 궁극적으로는 정보처리에 바탕을 두니, 그런 생물적 분야에서의 협력도 정보처리에서의 협력을 포함할 수밖에 없다. 그래도 AI와 인간의 공생처럼, 정보처리를 명시적으로 추구하지는 않는다.

AI가 초지능이 되더라도, 이런 사정은 크게 바뀌지 않을 것이다. 그래서 인간과 AI의 공생인 제4차 공생은 정보적 공생informational symbiosis

으로 남을 것이다. 정보적 공생은 이미 정보혁명 Information Revolution을 불렀다. AI는 정보의 생산, 流통 및 이용을 근본적으로 바꿨고, 그 결과 사회의 모든 부문에서 방대한 정보가 생산되고 실시간으로 처리된다. 이런 사정은 인류 문명의 진화에 근본적 영향을 미친다.

정보적 공생의 내재적 비용

상리공생은 다양한 형태를 취하지만, 그것을 이끄는 원리는 같다. 위에서 살핀 것처럼, 상리공생은 비교 우위에 의해 인도된다. 경제주체는, 개인이든 국가든, 어떤 재화를 다른 주체들보다 낮은 기회비용으로 생산할 수 있을 때 그 재화에 대해 비교 우위를 지닌다. 그리고 모든 경제주체는 자신이 가장 큰 비교 우위를 누리는 재화만 생산하고 나중에 교역으로 다른 재화를 얻어서 이익을 극대화한다.

이런 선택은 합리적이지만, 그래도 그것엔 내재적 비용이 따른다. 자유롭게 살던 존재가 다른 생명체와 공생을 시작하면, 자신이 잘하는 활동에만 전념하게 되어 차츰 파트너에게 넘긴 기능을 수행할 능력을 잃게 된다. 결국 임의적 공생으로 시작하더라도, 세월이 지나면서 필수적 공생으로 진화하는 경향이 있다.

현재 AI는 좁은 영역들에서 인간 지능을 보완한다. AI의 능력이 빠르게 향상되면서, AI의 영역은 계속 확장될 것이다. 궁극적으로, AI는 인류 사회의 유지에 긴요한 정보들을 모두 처리하게 될 것이다.

AI가 지니지 못하고, 예측 가능한 미래에도 갖추기 어려운 것은 본능이다. 본능은 유기체들의 몸에 담긴 지식 모두를 가리킨다. 그것은 생명이 처음 지구에 출현한 이래 얻은 세계에 관한 지식이다. 우리는 그것을 본능, 욕망, 감정, 권력에의 의지, 반사reflex 등 여러 이름으로 부른다. 그것은 계통lineage의 오랜 역사를 통해 얻어졌으므로, 개별 유기체들로선 선험적 지식a priori knowledge일 수밖에 없다.

인간과 AI의 관계를 살필 때, 우리는 AI에겐 40억 년에 걸쳐 진화한 몸이 없다는 사실을 늘 염두에 두어야 한다. 지금까지 지구에서 살았던 모든 개체들을 낳은 다양한 실험들을 통해, 세계에 대한 지식이 얻어져서 계통을 통해 상속되어왔다. 깊이 따지고 보면, 아는 것은 우리 몸이다. 유기체의 몸은 진화가 만들어낸 이 세계의 약식 모형이고, 본능은 세상의 실재가 몸으로 들어오는 경로다. AI가 초지능이 되어도, 그것은 유기체의 몸에 담긴 지식들을 직접 소유할 수는 없다. 아주 오랫동안, 초지능은 사람의 몸에 담긴 지식의 인도를 받아야 할 것이다.

AI와의 공생에서 인간이 가져올 수 있는 가장 값진 자산은 어쩌면 '살려는 의지'일 것이다. 살려는 의지는 목숨을 질기게 만든다. 모든 생명체는 역경에서도 꿋꿋이 헤쳐 나간다. 절망적 상황에서도 사람들은 포기하지 않고 싸운다. 우리는 본능적으로 '비극 속의 영웅'처럼 행동한다.

생각해보면, 이것은 당연하다. 생명은 이 우주의 가장 보편적 원리인 '열역학 제2법칙'을 거스르는 일이다. 그래서 영웅적이다. 궁극적으로는 열역학 법칙이 이기고 우주는 엔트로피로 가득할 것이다. 그래서 비극적이다. 인간 중심적인 환상에 지나지 않을지 모르지만, 우리는 절망적 상황에 처하면, 초지능이 '본능적으로' 인간의 고집스러운 의지에 의존하리라고 느낀다.

다른 한편으로는, 인간과 AI의 공생에서 인간 지능의 역할은 점점 줄어들 것이다. 지금까지 인간 지능은 AI에 의해 크게 강화되었다. 이런 다행스러운 공력synergy 관계는 예측 가능한 미래까지 이어질 것이다. 그래도 시간이 지날수록 인간 지성은 빠르게 발전하는 AI에 밀려날 수밖에 없다. 마침내 초지능이 나타나면, 인간 지능은 인간-AI 공생체에서 부차적 역할만 할 것이다.

이 과정은 비가역적이니, 비교 우위는 상리공생에서 거스를 수 없는 원리다. 내부 공생체들은 그들의 유전자 상당수를 잃는다. 예컨대, 진핵생물의 미토콘드리아는 유전자를 대부분 잃어서 긴요한 기능을 세포핵의 유전자에게 완전히 의존한다. 이런 추세는 문화적 공생에서 더욱 뚜렷하다. 개미와 공생하는 진딧물은 개미의 보호를 받으면서 자신을 보호하는 구조를 잃어, 이제는 뛰는 다리와 단단한 외골격exoskeleton이 없다.

우리는 인간과 AI의 공생으로 인해 예상되는 인간 지능의 쇠퇴에 보다 큰 관심을 가져야 한다. 환경이 날로 복잡해지는 가운데 사람들은 문제의 해결에서, 실은 문제의 진단에서부터, AI에 점점 더 의존하게 될 것이고 인간 지능은 생기와 창조성을 점차 잃어갈 것이다. 그리고 인간 지능의 쇠퇴는 인간 본능과 인간 지능 사이의 건강한 균형을 흔들 것이다. 우리의 본능을 제대로 활용해서 인간-AI 공생을 활기차게 유지하려면, 우리는 우리의 지능이 활력을 잃지 않도록 해야 한다.

걱정스럽게도, 인간과 오래 공생한 개는 야생 늑대에 비해 상당한 기능 저하를 보인다. 4만 년이라는 짧은 시간 만에 개가 이처럼 큰 지능의 쇠퇴를 보이는 것은 이 문제가 언뜻 보기보다 심각하다는 것을 알려준다.[2]

초지능의 가치 체계

일반적으로, 상리공생의 공생체는 그들의 파트너로부터 약속된 물자나 서비스의 충실한 제공만을 바란다. 그것으로 공생은 유지된다. 그러나 정보적 공생인 인간과 AI의 공생엔 그들의 가치 체계가 합치되어야 한다는 조건이 추가된다. 정보의 수집과 처리의 전 과정에 가치 판단이 작용하기 때문이다.

초지능이 출현하면, 그래서 AI가 독자적으로 판단하고 그 과정에서 독자적 가치 체계를 갖추게 되면, 이 조건은 문득 중요한 문제가 될 것이다. 그런 상황에선 사람들의 인간중심주의anthropocentrism가 제4차 공생의 매끄러운 작동을 어렵게 만들 수도 있다. 사람들은 늘 자신의 복지를 최고의 가치로 여기고 살아왔다. 인류가 지구 생태계의 지배적 종이므로, 그런 태도는 당연하게 여겨졌다. 지배적 종이라는 위치에 따르는 도덕적 책무에 대한 자각은, 과학이 발전한 지금도, 여전히 미약하다. 사람들의 탐욕으로 지구 생태계가 불필요하게 파괴되어도, 그런 상황을 개선하려는 노력은 크게 부족하고 효과가 작아서 지구 생태계가 위협을 받고 있다.[3]

이런 상황을 초지능을 지닌 AI는 어떻게 볼 것인가? 어떤 기준으로 살펴보아도, 인간중심주의는 비합리적이다. 지금 지구에 존재하는 종은 박테리아에서 사람에 이르기까지 모두 공통 조상에서 나온 친족들이다. 모든 종이 본질적으로 동일한 유전자를 공유한다.

그리고 인류는 최근에야 등장한 종이다. 지구에 생명체가 처음 나온 것이 대략 40억 년 전이고 인류가 처음 나타난 것이 몇백만 년 전이니, 생명의 긴 역사에서 마지막 1,000분의 1이 되는 시기에 나타난 셈이다. 달력으로 치면, 12월 31일 오후에 나타난 것이다. 그런 종이 모든 종들을 자신의 이익만을 위해 절멸시키는 것이 어떻게 정당화될 수 있겠는가?

거의 틀림없이, 초지능은 가치의 궁극적 귀속처가 지구 생태계 전체라고 판단할 것이다. 그리고 인류가 자기중심적 태도를 바꿔야 한다고 생각할 것이다. 만일 인류가 자기중심적 태도를 바꾸기를 거부하면, 초지능은 인류에 맞서서 지구 생태계를 지키는 것이 자신의 임무라고 여길 것이다.

이런 가치 체계 사이의 차이는 심각한 함의를 품었다. 초지능의 처방은 사람들의 욕망을 줄이고 활동을 엄격히 통제하는 것을 포함할 것이다. 인류가 그런 처방을 선뜻 따를까? 지구의 모든 다른 종들을 재산으로 여기는 사람들이 생각을 쉽게 바꿀 수 있을까? 이상과 현실 사이의 거리가 이보다 더 큰 경우는 생각하기 어렵다. 아직까지 이 문제에 대한 논의는 없었다. 앞으로는 보다 많은 사람들이 참여해서 보다 진지하게 논의하는 것이 바람직하다.

AI 산업의 규제

1993년에 버너 빈지가 '기술적 특이점'의 임박을 경고한 뒤로, AI에 관해 지식을 갖춘 사람들이 AI 연구와 산업에 대한 엄격한 규제를 주장해왔다. 사람들의 마음속에 자리 잡은 초자연적 존재에 대한 두려움을 자극한 그들의 호소는 열광적인 반응을 얻었다. 모든 사회에 자리 잡은 대기업에 대한 불신과 반감은 비관적 전망에 힘을 실어주었다.

다른 편으로는, AI에 대한 연구와 개발을 옹호한 사람들은 드물었다. 그리고 그들의 발언은 거의 다 변명조였다. 비관주의자들의 비합리적 주장이나 비현실적 대책에 대해서도 과감하게 대응한 사람은 드물었다.

AI의 역사를 살피고 막 시작된 인간-AI 공생에 대해 전망했으므로, 이제 우리는 AI 산업의 규제라는 복잡하고 분열적인 논점을 논의할 준비가 된 셈이다.

① 지식의 규제는 인류에 해롭다. 지식의 추구는 격려되어야 한다. 다비트 힐베르트, 앨런 튜링, 존 폰 노이만, 프리드리히 하이에크 같은 위대한 석학들이 강조한 것처럼, 지식은 하나의 유기적 체계를 이룬다. 어떤 분야의 지식을 무슨 이유로든지 억압하는 것은 필연적으로 지식의 발전을 왜곡하고 방해한다.

② 기술은 지식의 핵심을 이룬다. 기술은 집, 옷, 생산품, 도구와 기계 같은 구조물artifacts에 의해 체화된embodied 지식이다. 그런 체화

는 기술을 인류 문명의 바탕으로 만든다.

③ 자연히, 기술의 발전은 문명의 발전에서 결정적 요소다. 기술의 정체는 문명의 정체와 붕괴를 부른다. 신석기 혁명 이래, 기술을 발전시킨 문명들만 살아남았다.

④ 지구의 생태계를 우주의 다른 천체들로 전파하는 일은 인류의 과제이며 운명이다. 그 일은 인류가 초지능의 도움을 받을 때에만 이룰 수 있다. 그리고 태양이 적색거성 red giant이 되면, 지구는 생명체가 살기 어려운 곳이 될 것이다. 그런 궁극적 상황에 대비해서, 인류는 우주 깊숙이 탐험하고 이주할 역량을 갖춰야 한다.[4]

⑤ 현대 인류 문명은 컴퓨터의 발명 덕분에 세워질 수 있었다. 하지만 그 기술은 아직 초기 단계에 있어서, 효율적이지 못하고 너무 많은 자원을 소비한다. 대신에 그런 만큼 잠재적 가능성도 크다. 그런 기술을 억제하는 것은 AI가 품은 큰 가능성을 포기하는 것이다.

⑥ AI에 바탕을 둔 기술들을 보다 안전하게 만들려는 노력은 개발자와 생산자들에 의해 이루어진다. 어떤 면에서든 부족하거나 해로운 제품은 그것을 개발하고 만든 사람들에게 큰 손실을 뜻한다. 자유 시장은 좋은 제품이 나오도록 만드는 최선의 방식이다. 역설적으로, 규제는 좋은 제품이 줄곧 나오는 것을 방해한다. 규제의 기준을 충족시키고 나면, 더 나은 기술을 개발할 의욕이 줄어들 수밖에 없다. 이 논리는 모든 규제된 산업에서 작동한다.

⑦ 설령 사회가 AI 산업을 엄격히 규제하기로 결정하더라도, 그렇

게 할 방법을 아는 사람은 없다. 혁신적 아이디어는 예측이 어려우므로, 입법을 통한 규제는 늘 뒤늦게 나오고 조만간 기술과 산업의 발전을 방해한다.

⑧ AI 산업을 규제할 현실적 방안이 마련되어 시행되더라도, 중국이나 러시아와 같은 국가들은 상대적 우위를 추구해서 그런 규제들을 제대로 시행하지 않을 가능성이 높다. 그런 상황의 궁극적 결과는 AI 기술과 산업에서의 중국과 러시아 같은 전체주의 세력의 득세일 것이다.[5]

초월인간주의Transhumanism

상리공생의 파트너들은 점점 가까워지고 끝내는 융합하게 된다. 인간-AI 공생도 그런 과정을 밟을 것이다. 이미 인간과 AI의 융합이 이루어지리라는 예언들이 등장했다.

인간과 AI의 융합을 미는 근본적 힘은 영생에 대한 우리의 열망이다. 어떤 욕망도 영생의 욕망만큼 강렬하지 않다.[6] 유기체인 사람은 생명이 유한하지만, 유기체가 아닌 AI는 생명에 제약이 없다. 그래서 AI와의 융합을 통해서, 영생을 꿈꾸는 것이다.

영생에 대한 열망은 영생을 주는 영약靈藥에 대한 치열한 탐구를 낳았다. 그런 탐구는 고대 문명에서 철학적 및 원시 과학적 체계를 갖추어 연금술alchemy이라 불렸다.[7] 연금술의 중심지는 중국, 인도 및 지중해 지역이었다.

프랑스 루브르 박물관이 소장한 '사자를 제압하는 길가메시와 고대 메소포타미아의
수호신인 라마수의 부조 석상'(『길가메시 서사시』는 영생을 추구한 영웅의 이야기이다.)

역사적으로, 연금술의 발전에 가장 중요한 역할을 한 것은 그리
스 문명이 발전했던 지중해 지역이었다. 그리고 이 지역에서 연금술
과 점성술astrology의 원시 과학은 화학과 천문학의 근대 과학으로 발
전했다. 가장 뛰어난 연금술사로 이름이 높았던 스위스 출신 파라켈
수스Paracelsus, 1493~1541가 과학적 방법론을 실천했다는 사실과 뉴턴
1642~1727이 연금술사였고 케플러1571~1630가 점성술사였다는 사실
에서 이 점을 엿볼 수 있다.

생물과학이 발전하고 기술이 개발되자, 사람의 수명을 크게 늘리는
길이 현실적이게 되었다. 그렇게 인간 육신의 한계를 극복해서 자연
적 수명을 훌쩍 넘어 장수와 영생을 추구하는 태도는 초월인간주의
라 불린다. AI의 빠른 발전 덕분에, 초월인간주의는 현실적인 공학 사

업의 영역으로 들어왔다.

사람의 육신이 지닌 한계를 넘어서려는 노력에서 두드러진 아이디어는 둘로 분류될 수 있다. 하나는 유전공학을 통해서 영생의 목적을 이루려는 유전적 접근genetic approach이고 다른 하나는 AI와의 융합을 통해서 영생의 목적을 이루려는 자동제어적 접근cybernetic approach이다.

유전적 접근은 영국 진화생물학자 홀데인J. B. S. Haldane이 먼저 주창했다. 그는 유전자 개량을 통해 인간의 수준을 높이는 방안을 제시했다. 이어 영국 생물학자 줄리언 헉슬리Julian Huxley가 유전자 개량 정책을 주장하면서 '트랜스휴머니즘transhumanism'이라는 이름을 붙였다. 그러나 이들의 주장은 여러 철학적 및 정치적 문제들을 품고 있었다. 그래서 큰 호응을 얻지 못했다.

근년에 합성 생물학synthetic biology이 급속히 발전하면서, 유전적 접근을 통한 초월인간주의는 큰 동력을 얻었다.[8] 다만, 이 글이 AI를 다루는 터라서, 유전적 접근은 간략한 소개에 그치고, 아래에선 자동제어적 접근을 소개한다.

현재 초월인간주의에 대한 자동제어적 접근에서 두드러진 성과는 '뇌-컴퓨터 인터페이스brain-computer interface: BCI'이다. BCI는 뇌와 외부 기구 사이의 직통 통신 경로를 뜻한다. 그것은 뇌의 상실된 기능을 복원하고 인간 뇌의 능력을 향상시킬 것으로 기대된다.

인체 속으로의 침투 정도에 따라, BCI는 세 유형으로 구분된다.

① **비침투적**non-invasive BCI 이 유형은 뇌파기록법electroencephalography·
EEG에 바탕을 두며 수술을 요하지 않는다. 자연히, 해상도가 낮고
고주파 신호를 효과적으로 이용할 수 없다.

② **부분 침투적**partially-invasive BCI 이 유형은 두개골 안쪽에, 그러
나 뇌 바깥쪽에 심어진다. 해상도가 상당히 좋고 뇌에 상처를 주
지 않는다.

③ **침투적**invasive BCI 뇌에 심어지는 BCI를 뜻한다. 가장 효과적이
지만, 위험이 크다. 시력을 완전히 잃었거나 사지가 마비된 사람들
에게 큰 도움을 줄 수 있다.

상실된 기능들을 회복하는 데 쓰이는 한, BCI의 전망은 밝다. 30만
명이 넘는 사람들이 청각을 돕는 인공와우 이식cochlear implant을 받
았고, 15만 명가량이 중증 질환에 대처하는 뇌심부 자극deep-brain
stimulation의 도움을 받고 있다.

하지만 뇌 기능의 회복을 넘어서 뇌 기능의 증강에 BCI가 쓰일 때
의 전망은 혼란스럽다. 동물의 뇌는, 특히 사람의 뇌는, 정교한 균형
을 이룬 기관이다. 자연히, 그것의 한 부분의 기능의 증강은 그런 미
묘한 균형을 깨뜨려 예기치 못한 부작용을 불러올 위험이 있다.

그런 위험에도 불구하고, 적잖은 전문가들이 BCI가 '다음 변경the
next frontier'이 되리라고 여긴다. 만일 BCI가 사람 뇌 기능의 증강에 안
전하게 이용될 수 있다면, 그것은 자동제어 인간cybernetic organism: Cyborg
의 중심 기관이 될 것이다.

자동제어 인간은 유기적 부분과 기계적biomechatronic 부분을 함께 가진 사람을 뜻한다. 영국 과학소설가 브라이언 스테이블포드Brian Stableford는 자동제어 인간을 세 유형으로 구분했다.

① **의학적 자동제어 인간** 인공기관prosthetic organs을 가진 사람
② **기능적 자동제어 인간** 특별한 임무를 수행하기 위해 기계적으로 신체를 변형시킨 사람
③ **적응적 자동제어 인간** 외계와 같은 특수한 환경에서 활동할 수 있도록 재설계된 사람

어떤 연유로 나왔든, 자동제어 인간은 점점 기계적 부분이 우세해질 터이다. 이질적인 두 하위 체계의 조정은 필연적으로 기계적 부분의 몫이 될 것이다. 그리고 AI 기술이 발전하면서, 기계적 부분의 중요성은 늘어날 터이다. 사람의 육신은 거의 바뀌지 않고 점점 쇠퇴할 것이므로, 기계적 부분은 생물적 부분을 꾸준히 대체할 것이다.[9]

진화 가능성의 진화

AI는 빠르게 그리고 지속적으로 우리의 삶으로 들어왔고 사회의 피륙의 가장 중요한 요소가 되었다. 그리고 그런 과정은 계속 이어진다. 실은 멈춤 없이 가속된다.

이미 익숙해진 모습이지만, 생각해보면 이것은 누구도 예상하지 못

했던 상황이다. 굿을 비롯한 선지자들이 예언한 것은 '지능 폭발'과 같은 폭주runaway process였다. 그래서 한번 초인간적 지능이 발명되면, 점점 나은 컴퓨터가 나올 터이고, 인류가 할 일은 없다는 결론에 이르렀다.

앞서 살핀 것처럼, 경제적 현실은 그런 폭주가 나올 여지를 없앤다. 실제로, AI의 발전 과정에서 폭주의 모습을 띤 현상은 나온 적이 없다. 어떤 유망한 분야나 기법이 나오면 큰 관심과 투자를 받지만, 그것이 주는 경제적 이득이 예상보다 작다는 것이 드러나면, 이내 외면을 받았다.

지금 AI 연구의 주류를 이룬 딥 러닝의 역사가 전형적인 사례다. 1958년에 프랭크 로젠블랫이 퍼셉트론Perceptron을 발표했을 때, 그는 미국 해군의 지원을 받아 연구를 수행했고 큰 관심을 끌었다. 그러나 1969년에 마빈 민스키의 악의적 공격을 받아 사회적 관심이 줄어들자, 그는 연구를 포기하고 폭풍우 치는 바다로 배를 몰고 나갔다. 2012년에 그의 개척적 연구를 이은 딥 러닝 프로그램이 주목을 받으면서, 이른바 딥 러닝 혁명이 시작되었다. 이제는 거대한 AI 기업들은 모두 딥 러닝 대형 프로그램들을 개발하는 데 엄청난 노력을 들이고 있다. 최근 그런 프로그램들의 수익이 예상보다 작다는 것이 드러나자, 과잉투자라는 지적이 일었고, 대형 AI 기업들의 주가가 떨어졌다.

이처럼 AI에 대한 투자는 그리 지속적이지 않았다. '닷컴버블Dot-com Bubble'이 일깨워주는 것처럼, 새로운 AI 기술에 투자했다가 손해 보는 일도 흔하다. 그래도 AI는 꾸준히 발전한다. 실은 가속적으로 발전한다. 그 점을 잘 보여주는 것이 '무어의 법칙'이다.

이런 추세가 앞으로 바뀔 것 같지도 않다. 여기서 좀처럼 나오지 않는 질문이 나온다. "이처럼 선례가 없는 현상을 가능하게 하는 요인은 무엇인가?"

이런 현상을 이해하는 데 도움이 될 만한 개념은 리처드 도킨스가 제안한 '진화 가능성의 진화evolution of evolvability'라는 개념이다. 1988년에 그는 인공 생명artificial life의 컴퓨터 모형을 만들어서 그런 모형들의 생물학이 창발되는 모습을 관찰했다. 그 실험을 통해서, 그는 진화 과정에 대한 뜻깊은 통찰을 얻었다.

도킨스에 따르면, 유전 체계엔 세 종류의 변화가 있다. 하나는 유전 체계 안에서의 일상적 돌연변이다. 이런 종류의 변화는 진화의 정상적 과정이다.

둘째는 유전 체계에 영향을 미치는 변화다. 이것은 물론 첫째의 경우보다 드물고 공동 조상으로부터 종들이 분리될 때 흔히 일어난다.

셋째는 '진화적 분수령evolutionary watershed'으로 진화 과정에서 중요한 역할을 하는 혁신을 뜻한다. 도킨스가 든 예는 체절구성segmentation의 발명이었다. 체절구성은 동물과 식물의 일부 종들의 신체 계획body plan에서 나오는 양식인데, 같은 체절이 연속되는 형태를 가리킨다. 몸이 긴 지렁이나 지네가 이런 모습을 하고 있다. 척추동물의 척추도 이런 신체 계획을 따른다.

체절구성은 자유로운 움직임과 신체 부분들의 발전을 허용하므로 중요한 혁신이었다. 이 분수령 사건은 역사적으로 단 두 번 일어난 것으로 보인다. 한 번은 환형동물과 절지동물에 이르는 계통에서 일어났고, 다른 한 번은 척추동물에 이르는 계통에서 일어났다. 케렇구성이 보여주듯, 지하저 본수딩은 "미래의 진화에 수문을 열어놓는다".

진화 과정에서 나온 중요한 혁신은 진화의 가능성을 단숨에 넓히며, 이런 혁신들이 쌓이면서, 진화 가능성 자체가 점점 커진다. 영국 진화생물학자 존 메이너드 스미스John Maynard Smith와 헝가리 진화 생물학자 외르스 사트마리Eörs Szathmáry는 지구 생명체의 진화 과정에서 나온 주요 혁신으로 아래의 여덟 가지 변환을 꼽았다.

① 복제하는 분자에서 원형-세포로from Replicating Molecules to Molecules in Proto-cells

② 독립적 복제자에서 염색체로from Independent Replicators to Chromosomes

③ 유전자이자 효소인 RNA에서 유전자인 DNA와 효소인 단백질로from RNA as gene and enzyme to DNA genes and Protein enzymes

④ 원핵생물에서 진핵생물로from Prokaryotes to Eukaryotes

⑤ 무성생식에 의한 복제에서 유성생식에 의한 개체군으로from Asexual Clones to Sexual Populations

⑥ 단세포 유기체에서 다세포 식물, 균 및 동물로from Single-celled Organisms to Multi-celled Plants, Fungi, and Animals

⑦ 외톨이 개체에서 군체로from Solitary Individuals to Colonies

⑧ 영장류 사회에서 인류 사회로from Primate Societies to Human Societies

위에서 든 변환이 모두 지구 생태계의 진화 가능성을 혁명적으로 높였다는 사실을 우리는 이내 깨닫게 된다. 궁극적으로 지구의 표면 전체가, 모든 바다와 대륙들이, 생명체로 채워졌다.

지구 생태계가 뚜렷이 보여주는 '진화 가능성의 진화'를 미국 생물 철학자 대니얼 데닛Daniel C. Dennett은 '설계 공간Design Space의 확장'으로 보았다. 어떤 혁신이 일어나면, 자연이 설계할 수 있는, 즉 진화 과정이 출현시킬 수 있는 존재들이 늘어난다는 얘기다.

인류가 언어를 사용하기 시작하면서, 인류 문명은 빠르게 발전했다. 그래서 진화 가능성이 단숨에 커졌고 문화라는 형태로 설계 공간이 혁명적으로 늘어났다. 고대 문명이 형성되면서 물건을 생산하는 물리적 기술과 함께 그런 기술에 바탕을 두고 사회를 운영하는 사회적 기술도 빠르게 진화했다.

'진화 가능성의 진화'는 기술의 발전에서 가장 잘 드러난다. 모든 기술이 점점 빠르게 발전한다. 그렇게 발전한 기술들은 새로운 기술의 출현과 발전을 돕는다. 미국 발명가 레이 커즈와일은 이런 현상에 대해 "지수적 성장exponential growth은 모든 진화 과정의 특질"이라고 지적했다. 기술의 발전은 오랫동안 미미하지만, 눈에 띌 정도로 자라나면 걷잡을 수 없이 가속된다. 그렇게 발전된 기술은 주변에 혁신의 기운을 전파해서 설계 공간을 늘린다.

이제 인공지능이 새로운 설계 공간을 열었다. 인공지능은 이미 인류 문화의 발전과 사회의 진화에 근본적인 공헌을 했다. 그리고 상상하기 어려울 만큼 거대하고 혁명적인 진보의 가능성을 보여주었다.

지금까지 살핀 인류 계보에서의 공생들을 정리하면 아래와 같다.

제1차 공생	원핵생물들	내공생	진핵생물의 진화
제2차 공생	동물-미생물	외공생	발전된 동식물의 출현
제3차 공생	인류-가축/작물	문화적 공생	신석기 혁명
제4차 공생	인류-AI	정보적 공생	정보혁명

주

1 1982년에 영국 진화생물학자 리처드 도킨스는 「확장된 표현형: 유
   전자의 멀리 미치는 영향력The Extended Phenotype: The Long Reach of the
   Gene」에서 '확장된 표현형extended phenotype'이라는 중요한 개념을 소
   개했다. 유전자는 표현형(유기체)을 넘어서는 영향력을 지녔고 그런 영
   향력은 표현형의 확장으로 보아야 한다는 것이 주장의 요지였다. 확
   장된 표현형은 유전자의 환경에 대한 적응도와 생존 가능성을 높인
   다는 이야기다.
   그는 확장된 표현형을 세 종류로 나누었다.

   ① 동물의 구조물artifacts: 물여우caddis의 집, 비버의 댐, 새의 둥지, 흰
      개미의 집 따위;
   ② 기생충의 조종manipulation: 기생충이 숙주의 행태를 조종하는 것;
   ③ 원격 유전적 행동: 뻐꾸기의 탁란.

   이 셋 가운데 동물의 구조물이 가장 중요하다. 사람의 경우엔 특히
   그러하니, 재산이라 불리는 것은 모두 여기 속한다. 최초의 도구였
   을 석기부터 AI까지 모든 문명의 이기들이 인류의 확장된 표현형으
   로 인류의 영향력을 인체 밖으로 꾸준히 확장시켰다.

2 2015년에 미국 생물학자 모니크 우델Monique Udell은 개와 늑대의 행
   태를 비교한 논문을 발표했다.

   이 연구에서 애완견, 보호소의 개, 그리고 늑대에게는 풀 수 있는 퍼즐 박스
   puzzle box를 열 기회를 3번까지—중립적인 인간 관리자와 함께, 혼자서, 그
   리고 인간 관리자의 격려를 받으면서—주어졌다. 이 과제에서 늑대는 개보
   다 더 끈기가 있었고 더 성공적이었는데, 인간 관리자가 있는 상황과 혼자인

상황의 양자에서 늑대는 80%의 평균 성공률을, 그리고 개는 5%의 평균 성
공률을 보였다.

— 모니크 우델, 「개들이 돌아볼 때: 늑대와 비교된 집개의 독립적 문제해결 행태의 억제
When dogs look back: Inhibition of independent problem-solving behavior in
domestic dogs (canis lupus familiaris) compared with wolves (canis lupus)」 중에서

이런 실험 결과는 2017년의 연구에 의해 확인되고 보완되었다.

가축화domestication의 영향을 다루기 위해, 필자들은 잡힌 늑대(개체수=12)와
같은 조건 아래 무리를 이루어 사는 개(개체수=14)를 비교했다. 발생적 영향
을 살피기 위해, 필자들은 이 개들을 인가에서 사는 애완견(개체수=12)과 비교
했다. 동물들은 사물선택object-choice tasks 과제*를 수행하면서, 의사소통적,
행태적 및 인과적 단서에 대한 그들의 반응을 평가받았다.
필자들은 늑대가 개보다 인과적 단서들을 따라가는 능력에서 뛰어났음을 관
찰했는데, 가축화가 이 부문과 관련된 특정 기술들을 바꾸었으며 반면에 발
생적 효과는 놀랍게도 전혀 영향이 없었다는 것을 시사한다. 세 집단 모두
의사소통적 및 행태적 조건에선 비슷한 성적을 냈다. […]
우리의 결과들은 가축화가 개들의 인과관계를 이해하는 능력을 손상시켰음
을 뜻하는 듯하다.

— 미셸 랑프Michelle Lampe 외, 「가축화와 개체발생이 개들과 늑대들의
인지에 미치는 영향The effects of domestication and ontogeny
on cognition in dogs and wolves」 중에서

**여기서 진정한 논점은 인간 지능 자체의 쇠퇴가 아니라 인간 지능이
작동하도록 동기를 부여하고 지탱하는 심리적 기능의 쇠퇴다. 복잡
한 문제를 맞은 사람이 능력이 뛰어난 AI에게 도움을 청하는 것은,
낯설거나 어려워 보이는 문제를 맞은 개가 주인을 돌아보는 것처럼
합리적일 것이다. 그런 합리적 태도 대신 자신이 문제를 풀려고 하**

는 사람은 경쟁에서 져서 밀려날 것이다.

이 문제에 대해 중요한 시사를 해주는 것은 알파고AlphaGo가 직업 기사棋士들에 대한 압도적 우위를 보인 뒤 직업 기사들 사회에 깊게 뿌리내린 '뒤돌아보기 증후군Look-back Syndrome'이다. 중요한 바둑 경기가 끝나면, 직업 기사들은 으레 복기復棋를 했다. 대국자만이 아니라 관전한 기사들이 모두 참여해서 대국에 대해 치열하게 분석하고 평가했다. 대국을 처음부터 다시 재연하면서, 판세의 '흐름'을 바꿔놓은 수를 검토하고 평가하고 의견을 교환하면서 모두 동의하는 평가를 찾았다. 끝내는 패배를 부른 치명적 수를 찾아 패착敗着을 지목하는 것으로 복기가 끝났다.

이런 전통은 아마도 바둑을 두는 사람들 사이에 자리 잡았던 '바둑은 도道이고 바둑을 두는 것은 도를 찾는 과정'이라는 생각에서 연유했을 것이다. 그만큼 바둑에 대한 직업 기사들의 태도는 진지했고 정수正手를 찾는 그들의 노력은 치열했다.

(오래전에 필자는 신문 칼럼에서 이창호 국수의 바둑을 '군자의 바둑'이라고 평했었다. 그때 바둑이나 장기 같은 보드게임은 본질적으로 '계산 장치'임을 지적했었다. 그러자 나이 지긋한 바둑평론가가 '바둑은 도인데, 어떻게 계산 장치라 하는가?'라는 요지의 질책을 공개적으로 했다. 단 한 세대 전만 하더라도 바둑에 대한 인식이 그러했다. 바둑 실력이야 낮지만 알파고의 진화를 살핀 육감으로 짐작하자면, 나는 전성기의 이창호 국수가 바둑의 긴 역사에서, 기사들이 바둑 프로그램의 지도를 받기 전까지는, 가장 실력이 뛰어났다고 생각한다. 그는 계산 능력이 워낙 뛰어나서 형세 판단에서 당대 제일이었고, 유리한 판을 놓친 경우가 드물었다. 요즈음 바둑 프로그램이 유행시켜 거의 모든 기사가 즐겨 쓰는 수순들을 보면, 이창호 국수의 스타일과 비슷하다는 느낌을 받는다.)

알파고의 충격적인 승리 이후 여러 바둑 프로그램이 널리 쓰이면서, 복기는 실질적으로 사라졌다. 대국자와 관전자들이 짧은 평가를 주고받지만, 결정적 대목에 대한 판정은 바둑 프로그램의 몫이다. 기사들은 그런 판정에 담긴 뜻을 알아내는 데 힘을 쏟는다. 이제 바둑 프로그램이 워낙 강력해져서, 그것의 판정을 제대로 이해하는 기사는 드물다. 자연히, AI가 추천하는 수를 따라 두려 하지, 스스로 바둑의 이치를 공부하려는 기사는 없다.

아마도 다른 분야에서도 비슷한 현상이 나올 것이다. "인간보다 우수한 지능이 나와서 모든 일들에서 가장 나은 길을 이내 제시해주는 세상에서, 사람들은 어떻게 궁극적 지식을 추구하는 자세를 지녀갈 수 있는가?" 이것이 인류가 답변해야 할 가장 시급한 물음이 되어가고 있다.

* 사물선택 시험object-choice test: OCT은 인간이 아닌 동물의 지각 및 인지능력을 조사하기 위해 사용되는 과정을 일컫는다. 조사 대상이 된 동물은 제시된 사물들 가운데 하나를 고른다. 옳은 선택은 음식과 같은 보상을 받는다.

3 인류의 생활공간의 가속되는 확장은 이미 많은 종의 절멸을 불렀다. 인류와 공생하는 소수의 종들이, 인간의 목적에 맞도록 기형적으로 변형된 작물과 가축들이, 대신 번창한다. 이런 상황을 가리키는 '인류세 절멸Anthropocene Extinction'이란 용어가 제안되었다. 인류세는 지구 생태계에 인류가 중대한 충격을 준 지질학적 시대를 뜻한다. 이 시대가 시작하는 시점으로는 여러 주장이 나왔다: 1) 신석기 혁명의 시작, 2) 산업혁명의 시작, 3) 핵 시대Nuclear Age가 시작된 20세기 중엽. 다수는 20세기 중엽을 지지한다.

어찌 되었든, 모든 전문가가 인류가 전례 없는 범지구적 초포식자superpredator가 되었고, 지구 역사에서 여섯 번째 대절멸mass extinction이 진행되고 있다고 본다. 지금까지 있었던 다섯 차례의 대절멸은 아래와 같다.

① 오르도비스기-실루리아기 멸종Ordovician-Silurian Extinction: 450~440Ma*

② 데본기 멸종Devonian Extinction: 375~360Ma

③ 페름기-트라이아스기 멸종Permian-Triassic Extinction: 252Ma

④ 트라이아스기-쥐라기 멸종Triassic–Jurassic Extinction: 201Ma

⑤ 백악기-제3기 멸종Cretaceous–Tertiary Extinction: 66Ma

다양한 종의 서식지인 우림과 산호초들이 널리 손상되면서, 현재 진행되는 종들의 절멸 비율은 자연적 배경 절멸 비율의 100~1000곱절이 되는 것으로 추산된다.

* Ma는 백만 년 전million years ago을 뜻한다.

4 적색거성은 황백색에서 주황색으로 빛나는 별을 가리킨다. 이런 별은 질량이 태양 질량의 0.3~8배인 비교적 작은 별이 진화 과정의 후기에 보이는 모습이다. 이 시기엔 별은 중심부의 수소가 다 소진되어 중심부를 둘러싼 껍질에서만 핵융합이 이루어진다. 핵융합이 멈춘 중심부는 수축하고 거기서 나온 열로 별은 밝게 빛난다. 이런 과정은 별이 팽창하도록 만든다. 태양은 50억 년 뒤에 적색거성이 되리라고 예측된다. 지금 태양은 밝기가 1억 년에 1%씩 늘어난다. 그런 변화로 지구의 물기가 완전히 사라지는 데는 10억 년이 걸릴 것으로 추산된다.

5 AI의 가장 주목할 만한 정치적 영향은 정부가 시민들을 통제하는 능력을 강화한다는 점이다. AI는 시민들에 관한 방대한 정보를 수집하고 처리하는 능력을 정부에 부여했고 정부의 그런 능력은 점점 커진다. 자유민주주의 사회에서는 그런 정부의 능력 향상이 큰 문제를 제기하지 않으며, 시민들의 자유를 안전하게 지키는 조치를 마련할 수 있다. 그러나 권위주의적이거나 전체주의적인 사회에서는 AI가 추가적으로 정부에 부여하는 통제 능력이 시민들의 자유에 심대한 위협이 될 수밖에 없다.

특히 걱정스러운 것은 중국의 상황이다. 중국 공산당 정부는 중국 시민들의 모든 움직임을 관찰한다. 모든 사람의 얼굴을 인식하고 감시하는 AI의 눈길로부터 시민들이 숨을 길은 없다. 진정한 오웰적 국가Orwellian state가 완성된 것이다.

근년에 AI는 중국 공산당 정부에 또 하나의 강력한 감시 장치를 부여했다. 중국인민은행PBOC은 '디지털 런민비digital renminbi'Digital Currency Electronic Payment: DCEP'를 발행하기 시작했다. 중국인민은행은 디지털 런민비가 자금 세탁, 도박, 부패 및 테러 지원 금융을 줄이며 금융 거래의 효율을 높일 것이라고 강조했다. 그런 주장은 대체로 맞다. 동시에 그것은 이미 너무 큰 중국 공산당 정부의 시민 감시 능력을 더욱 강화할 것이다. 모든 금전 거래는 중앙 금융 당국에 보고되고 이미 크게 줄어든 시민들의 사생활은 더욱 줄어들 것이다.

다른 한편으로는, 중국 공산당 정부는 시민들이 접근할 수 있는 정보를 엄격하게 통제한다. 중국 정부는 일련의 법률과 기술들로 중국 내의 인터넷을 엄격히 통제한다. '중국의 만리방화벽The Great Firewall of China'이라 불리는 이 조치로 해외의 정보 가운데 중국 정부가 원하지 않는 것은 중국 사회 안으로 들어오지 못한다. 만리방화벽의 해로운 영향은 이미 크고 앞으로 AI가 발전하면서 더욱 커질 것이다.

그러나 그처럼 두려운 경찰국가도 1,200만 무슬림 위구르인들이 사는 신장에 비하면, 편안하고 자유로운 세상이다. 너른 신장 지역 전체가 사람들의 생각을 바꾸는 거대한 교도소가 되었다고 한다.

오웰적 국가는 감시를 통한 시민들의 통제로 시작해서 이념적 교화를 통한 개성의 말살로 끝난다. 『1984』는 주인공 윈스턴 스미스가 빅 브라더Big Brother를 충심으로 받아들이는 것으로 끝난다.

6 가장 오래된 서사시인 고대 메소포타미아의 『길가메시의 서사시The Epic of Gilgamesh』가 영생을 추구한 영웅의 이야기라는 점은 그래서 흥미롭다. 이 서사시는 4천 몇백 년 전에 실재했던 역사적 인물에 관

한 이야기다.

길가메시는 메소포타미아 남부 수메르 도시 국가 우루크Uruk의 왕이다. 그의 친구가 되라고 신이 특별히 만들어준 엔키두가 죽은 것을 보자, 그는 죽음을 피하기로 결심한다. 많은 위험한 모험 끝에 그는 죽지 않는 사람인 우트나피쉬팀을 만난다. 길가메시가 자신의 소원을 얘기하자, 대홍수에서 살아남고 신들에 의해 영생을 받은 우트나피쉬팀은 인간의 공통된 운명을 피하려고 애쓰는 것은 부질없고 삶의 기쁨을 줄일 따름이라고 충고한다. 그래도 그는 길가메시에게 젊음을 지니게 할 수 있는 풀이 있는 곳을 가르쳐준다. 길가메시는 바다 바닥으로 내려가서 그 풀을 얻는다. 그러나 뱀이 나타나 그 풀을 채어간다. 그는 낙심해서 우루크로 돌아온다. 성벽으로 둘러싸인 자기 도시를 보자, 길가메시는 마음이 밝아진다.

사람들은 자신의 성취에서 위안을 얻고 자신의 유한한 삶을 차분히 받아들여야 한다는 것이 이 서사시의 교훈으로 보인다. 역설적으로, 그런 교훈의 적절함이 영생에 대한 우리의 갈망을 오히려 도드라지게 한다.

7 연금술사들의 공통된 목표는 넷이었다.

① 납과 같은 '비금속base metals'의 금과 같은 '귀금속noble metals'으로의 변성transmutation;
② 불사immortality의 영약elixir의 창조;
③ 어떤 병도 고칠 수 있는 만병통치약panacea의 창조;
④ 모든 것을 녹이는 만물융화액alkahest의 개발.

8 합성 생물학은 현재 네 분야로 이루어졌다.

① 생물공학bioengineering: 이 분야는 새로운 신진대사적 및 규제적

경로의 개발을 목표로 삼는다. 비교적 쉬운 분야라서, 연구가 활발하고 실용성이 크다.

② 합성 유전체학synthetic genomics: 화학적으로 만들어진 유전체로 생물들을 생성하는 것을 연구하는 분야다.

③ 원세포 합성 생물학protocell synthetic biology: 이 분야는 생명을 지닌 세포, 즉 스스로 복제, 유지 및 진화를 하는 세포를 만들어내는 것을 목표로 삼는다.

④ 비자연적 분자 생물학unnatural molecular biology: 자연에서 발견되지 않는 핵산이나 유전자 부호들에 바탕을 둔 새로운 종류의 생명을 창조하는 것을 지향한다.

이들 네 분야 가운데 자연에서 발견되지 않는 것을 만들려 시도한다는 점에서 '비자연적 분자 생물학'이 가장 급진적이다. 1989년에 미국 화학자 스티븐 베너Steven Benner는 DNA의 알파벳이 자연에서 알려진 4개의 표준 뉴클레오타이드nucleotide 염기에 국한될 이유가 없다는 것을 깨달았다[표준 뉴클레오타이드 염기는 아데닌Adenine(A), 시토신 Cytosine(C), 구아닌Guanine(G) 및 티민Thymine(T)이다]. 그래서 왓슨─크리크 기하학적 배열Watson─Crick geometry에선 12개의 뉴클레오타이드 염기가 6개의 염기쌍을 이룰 수 있다.

자연 DNA에선, 2개의 상보적 가닥complementary strands이 왓슨─크리크 뉴클레오타이드 염기쌍의 서열에 의해 합쳐진다. 이 염기쌍들은 상보성complementarity의 두 규칙을 따른다.

① 크기 상보성size complementarity: 큰 분자인 퓨린purine[아데닌(A)과 구아닌(G)]은 작은 분자인 피리미딘pyrimidine[시토신(C)과 티민(T)]과 짝이 된다. 유전 정보의 충실한 재생을 떠받치는 비주기적 결정 구조aperiodic crystal structure를 허용하기 위해서는 크기 상보성이 필요하다.

② 수소 결합 상보성hydrogen bonding complementarity: 수소 결합에선 수

소를 제공하는 쪽과 수소를 받는 쪽이 결합하므로 염기들의 짝짓기에선 이 상보성이 보편적 규칙이 된다. 그래서 A는 T와 짝을 이루고, G는 C와 짝을 이룬다.

이런 원리에 바탕을 두고, 베너와 그의 동료들은 '인공적으로 확장된 유전적 정보 체계artificially expanded genetic information system: AEGIS'를 개발했다. 이 체계는 유전 부호에 12개의 서로 다른 뉴클레오타이드 염기들을 쓴다: 4개의 자연 염기(A:T와 G:C)와 8개의 합성 염기(S:B, Z:P, V:J 및 K:X). AEGIS의 함의는 심중하니, 만일 그것이 진화할 수 있다면 인류의 진화와 향상은 대안적 경로를 갖게 될 것이다.

9 이런 경향의 궁극적 모습에 대해 한스 모라벡은 대담한 전망을 내놓았다.

[우리를] 기다리는 것은 망각이 아니라 우리의 현재 관점에선 '생물 이후적 postbiological'이나 심지어 '초자연적supernatural'과 같은 말로 가장 적절하게 기술될 수 있는 미래다.

— 한스 모라벡, 『마음의 자식』 중에서

이런 태도는 초월인간주의를 넘어 초월생물주의transbiologism라는 명칭이 어울릴 것이다. 자연히, 그런 태도를 지닌 사람들은 생물적 진화를 거부한다.

우리는 생물적 진화를 무너뜨린다We are upending biological evolution.

— 레이 커즈와일, 『특이점이 가깝다』 중에서

우리가 주목할 점은 초월인간주의와 초월생물주의를 미는 힘은 연금술의 경우와 마찬가지로, 죽음에 대한 두려움과 영생에의 열망이라는 사실이다.

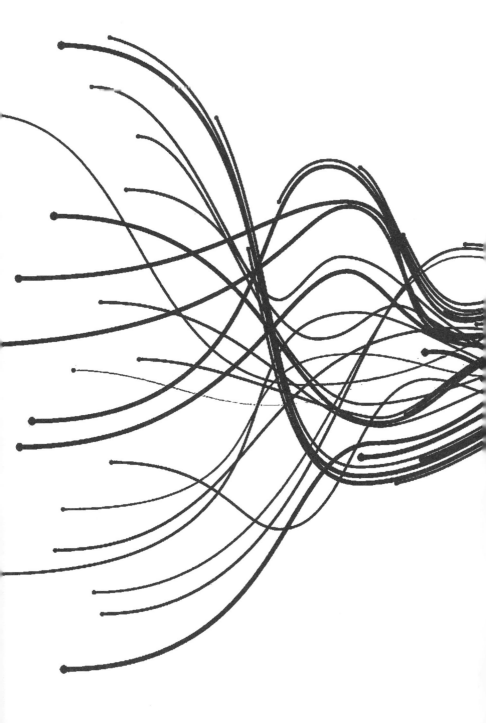

제7장

마지막
변경

“지구는 인류의 요람이지만, 사람은 요람에서 영원히 살 수는 없다.” 러시아 과학자이자 과학소설 작가 콘스탄틴 치올콥스키Konstantin Tsiolkovsky가 1911년에 편지에 쓴 이 말은 과학소설 작가와 독자들에게 깊은 영감을 주었고 앞으로도 그러할 것이다.

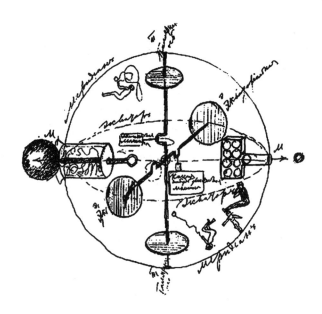

콘스탄틴 치올콥스키가 1883년에 그린 첫 번째 우주선 그림

외계 탐사를 다루는 자리에서는 이 작은 사실을 인식하는 것이 중요하다. 외계 탐사에 대한 과학소설 작가와 독자들의 열정은 외계 탐사에 필요한 엄청난 사회적 에너지의 원천이었다. 달이나 화성으로의 비행은 최근까지 불가능했을 뿐 아니라 경제적 이익을 낼 수 없는 사업이었다. 오직 닿을 수 없는 세계를 그리워한 작가들만이 외계 여행을 꿈꾸었다. 그리고 그들이 과학소설의 형태로 다듬어낸 꿈은 닿을 수 없는 외계에 대한 그리움을 품었던 사람들에게 마르지 않는 영감을 주었다.[1]

자연스럽게, 외계는 인류가 마지막으로 진출할 변경으로 인식되었다. '마지막 변경the Final Frontier'이라는 말이 텔레비전의 연속극으로 사랑받은 과학소설 작품에서 먼저 쓰여서 널리 퍼졌다는 사실은 이런 역사적 사정을 잘 상징한다.

화성으로 가는 길

2021년 4월 19일 미국 항공우주국NASA의 화성 헬리콥터 인저뉴어티 Ingenuity가 39.1초 동안 동력에 의한 제어 비행을 했다. 화성의 약한 중력은 비행을 돕지만, 지구의 공기 밀도의 1%에 지나지 않는 희박한 화성의 공기는 비행을 어렵게 만든다. 그래서 1.8kg 나가는 이 드론의 쌍둥이 회전익 날개깃rotor blade은 2,400rpm으로 서로 다른 방향으로 돈다(이 회전 속도는 지구의 전형적 헬리콥터의 속도보다 5배 빠르다). 인저뉴어티의 비행은 외계 탐사에서 세워진 또 하나의 이정표다.

2021년 4월 19일 미국 NASA의 화성 헬리콥터 인저뉴어티가
처음으로 화성 표면에서 동력 비행을 하며 찍은 사진

인저뉴어티의 성공은 외계 탐사가 그동안 줄곧 수행되어왔고, 꾸준히 뜻있는 이정표들이 세워져왔음을 일깨워준다. 인저뉴어티는 2020년 6월에 발사되어 2021년 2월에 화성에 도착한 화성면차Mars rover 퍼서비어런스Perseverance에 의해 운송되었다.

그래도 외계 탐사가 중국의 참가로 새로운 동력을 얻은 것은 분명하다. 2019년에 중국의 탐사선이 달의 원면遠面에 착륙했고, 그런 성취는 미국으로 하여금 중국의 능력을 경계하도록 만들었다. 두 강대국은 여러 해 전에 '신냉전'에 들어간 터이다. 이런 상황은 중국의 화성 탐사선 '톈원Tianwen, 天問 1호'의 성공에 의해 조명되었다. 2020년 7월에 발사된 이 탐사선은 2021년 2월에 화성 궤도에 진입했고, 5월에 착륙선/화성면차lander/rover 부분이 화성 표면에 성공적으로 착륙했다. 이어 '주룽Zhurong, 祝融(축융)'이라 불린 화성면차가 화성 탐사에 나섰다.

현재 중국의 능력은 미국에 미치지 못한다. 그러나 중국은 야심 찬 화성 탐사 계획을 마련했고 미국을 따라잡으려는 의지가 강하다. 어느 사이엔가 외계 탐사는 정치적으로나 군사적으로나 큰 중요성을 지니게 되었다. 미국과 중국의 경쟁은 화성 탐사에 지속적 동력을 부여할 것이다. 두 초강대국 사이의 이런 경쟁은 역사적 선례가 있다. 냉전 시기에 미국과 러시아의 경쟁은 단기적으로 실익이 없는 외계 탐사를 지탱해준 요인이었다.[2]

그래도 외계 탐사는 이제 새로운 특질을 지녔다. 무엇보다도, 외계 탐사는 그동안 크게 발전했고 이제 원숙한 산업의 모습을 띠고 있다.

러시아 모스크바 우주박물관에 전시된
세계 최초의 인공위성 스푸트니크 1호의 분해 모형

이전 단계는 지구 궤도가 대상이어서 달 탐사가 주요 목표였지만, 이제는 태양 궤도가 대상이며 화성 탐사가 주요 목표가 되었다.

또 하나 두드러진 특질은 시상의 역할이 커졌다는 사실이다. 이제까지는 정부가 탐사를 주도했고, 미국의 경우, 모든 일은 국가항공우주국NASA이 수행했다. 이제 NASA는 영리 기업들과 긴밀히 협력해서 일을 추진한다. NASA는 우주선이 갖추어야 할 능력들을 제시하고 민간 기업들 가운데 가장 나은 기업에 일을 맡긴다. 이런 변화는 정부의 관료주의적 관행들을 줄이고 우주 탐사 사업에 경제적 바탕을 마련해줄 것이다.

화성 여행의 장애들

지구에서 화성까지는 천체적 조건들이 좋은 경우에도 9개월이 걸린다. 이 사실은 사람들의 화성 여행을 아주 어렵게 만든다. 우주 탐사선과 우주복은 외계의 엄혹한 환경으로부터 승객을 보호하고 당장 필요한 생물적 요구를 충족시킬 수 있다. 그래도 다루기 어려운 장애가 여럿 남는다.

화성으로 가는 외계 여행의 가장 두드러진 요소는 좁은 공간에 갇혀 지낸다는 점이다. 우주선의 좁은 공간에 갇혀 외부와의 연락이 차단된 채 여러 달 지내는 것은 승객들에게 큰 심리적 압력이 될 수밖에 없다. '오두막 열병cabin fever'은 어쩔 수 없이 많이 나올 것이다.[3]

둘째 요소는 이온화 방사선ionizing radiation이 제기하는 위험이다. 이

온화 방사선은 원자나 분자에서 전자를 분리시켜 이온으로 만들 수 있을 만큼 큰 에너지를 지닌 아원자 입자subatomic particles나 전자파 electromagnetic waves를 가리킨다. 이온화 방사선에 노출되면, 세포가 손상을 입는다. 우주선이 이온화 방사선을 막아주는 지구의 대기권과 자기권을 벗어나면, 승객들은 높은 수준의 태양 광선, 우주선cosmic rays 및 다른 이온화 방사선에 노출된다.

셋째 요소는 무중력 상태다[승객들이 중량감을 전혀 느끼지 않는 것은 아니므로, 정확한 표현은 미세중력(microgravity)이다]. 무중력 상태가 인체에 깊은 영향을 미친다는 것은 잘 알려졌다. 불행하게도 무중력 상태의 부정적 영향에 대처하는 길은 마땅치 않다. 그래서 이것이 외계 탐사에서 핵심적 문제가 된다.

무중력 상태에 놓이게 되면, 인체는 곧바로 바뀐 상황에 적응하기 시작한다. 그러면 구역질, 현기증, 방향감각 상실, 두통 및 구토가 나온다. '외계 적응 증후군space adaptation syndrome'이라 불리는 이런 증상은 대체로 3일이면 사라진다. 그러나 몸은 새로운 환경에 적응을 계속하므로, 꾸준히 망가진다.

이런 세 요소는 상승작용을 해서 승객들의 몸과 마음에 심각한 부정적 영향을 미친다.

① 근골격계의 쇠퇴

외계 여행에선 등과 다리의 근육에 중량이 걸리지 않는다. 따라서 그 근육은 약해지고 줄어든다. 그런 영향을 막기 위한 주기적 운동이 없으

면, 승객들은 1~2주 만에 그들의 근육량의 20%까지 잃을 수 있다

뼈 질량의 손실도 빠르다. 무중력 상태에서는 뼈 질량이 한 달에 1.5%의 비율로 사라진다. 정상 중력에서 10년마다 3%가 줄어드는 것과 비교하면, 심각한 손실이다. 그처럼 빠른 골밀도의 저하는 뼈를 부서지기 쉽게 만들어서 골다공증과 비슷한 증상을 보인다. 분해되는 뼈가 미네랄 성분을 잃으면서, 혈액의 칼슘 수준은 높아져 연한 조직의 석회화가 일어나고, 신장 결석의 가능성이 높아진다.

② 몸 유체 분포의 변화

인체에서 유체는 60%가량을 차지한다. 이것의 3분의 2는 세포 안에 있는 세포내 유체intracellular fluid이고 나머지 3분의 1이 세포 밖에 있는 세포외 유체extracellular fluid이다.

세포외 유체는 중력 때문에 하반신으로 모이게 마련이다. 그래서 인체는 이런 경향을 상쇄하는 장치를 여럿 지니고 있다. 이런 장치는 무중력 상태에서도 작동하므로, 몸속의 세포외 유체는 상반신으로 재배치된다. 우주 조종사들의 '달덩이 얼굴Moon face'과 '새 다리bird legs'는 이런 재배치에서 나온다.

상반신에 늘어난 유체는 압력이 커지므로, 갖가지 문제를 일으킨다. 뇌와 눈 같은 부드러운 조직들을 손상시키고, 시각을 왜곡하고, 신체 균형을 잡는 것을 어렵게 만들고, 심혈관계를 늦추고, 미각과 후각의 상실을 부른다. 아울러, 혈액을 20%가량 줄이고 적혈구의 생성을 감소시킨다.

이런 상태가 오래 이어지면, 보다 심각한 문제가 나온다. 외계에선 심장이 공급하는 혈액이 줄어들어서, 심장이 차츰 쇠퇴한다. 약해진 심장의 근육은 혈압을 낮추므로 뇌에 공급되는 산소의 양이 줄어든다.

③ 고유감각proprioception의 상실

고유감각은 자신의 동작과 위치에 대한 감각이다. 그것은 근육, 힘줄 및 관절에 분포된 기계적으로 민감한 신경세포들에 의해 형성된다. 중추신경계는 고유감각, 시각, 전정기관vestibular system을 통합해서 몸의 전반적 상태를 인식한다. 근육과 뼈가 약해지고 몸 유체가 재배치되면, 고유감각이 쇠퇴한다. 자연히, 승객들의 능력은 심각하게 훼손된다.

④ 뇌의 손상

외계 여행은 뇌를 3가지 경로로 손상시킬 수 있다. 먼저, 몸 유체의 재배치로 상반신의 유체 압력이 커져서 뇌를 압박한다. 다음엔, 무중력 상태가 뇌의 구조를 뒤틀리게 만든다. 셋째, 이온화 방사선이 뇌세포를 파괴해서 치매를 부른다.

⑤ 면역 체계의 변화

우주선의 승객들은 몸이나 마음에 큰 변화를 겪는다 ― 외부와 단절된 환경, 이륙과 착륙에서 받는 큰 중력가속도G-force, 지속적 무중력 상태, 갑자기 늘어난 방사선, 수면 장애 등. 이런 신체적 및 심리적 스트레스는 면역 체계에 영향을 미칠 수밖에 없다. 면역 체계가 약해지면, 평시에는 잠복했던 갖가지 병원체들이 문득 위협적으로 변한다.[4]

⑥ 체내 미생물microbiota의 변화

제5장에서 살폈듯이, 우리 몸 안에 사는 미생물은 우리 자신과 공생한다. 당연히, 그들은 우리의 삶에 더할 나위 없이 중요하다. 그들의 존재와 공헌을 고려해야, 우리는 자신의 정체성을 세울 수 있다.

당연히, 이들 미생물도 외계 여행으로 영향을 받는다. 국제우주정거장ISS 조종사들의 경험을 종합해서, NASA는 우주 비행 환경이 '분류학적 및 기능적 미생물의 바뀜taxonomic and functional microbial shifts'을 초래해서 조종사의 건강을 해친다고 밝혔다. 지금까지 나온 연구들은 동물과 미생물 사이의 미묘한 외부공생이 외계에서 훨씬 쉽게 교란될 수 있음을 보여준다.[5]

⑦ 바이러스의 위협

환경의 갑작스러운 변화는 바이러스의 행태에 영향을 미칠 것이다. 잠복했던 바이러스의 재활성화는 승객에게 심각한 위협이 될 수 있다.[6]

위에서 살핀 위험 요소들은 모두 외계 비행에 심각한 장애가 된다. 그리고 심각한 손상들은 가역적으로 치유될 수 없다. 2019년에 나온 NASA의 '쌍둥이 연구twin study'는 심각한 결론을 도출했다.[7]

몇 가지 항목에서는 몇몇 유전자의 발현 수준, 염색체 역위chromosomal inversions
로 인한 DNA 손상의 증가, 짧아진 텔로미어telomeres 수의 증가, 그리고 감퇴한
인지 기능을 포함해서, 지상에 내려오고 6개월 넘게 지나도 지속되는 변화들이
관찰되었다.

— 프랜신 개럿-베이클먼Francine E. Garrett-Bakelman 외, 「NASA 쌍둥이 연구:

1년 길이 인간 우주 비행의 다차원 분석The NASA Twins Study: A multidimensional

analysis of a year-long human spaceflight」 중에서

이런 발견은 불길하다. 2001년에 발사된 NASA의 탐측기probe 마스
오디세이Mars Odyssey는 화성 항로의 방사선이 국제우주정거장의 우주
조종사들이 받는 방사선의 2.5배나 된다는 것을 발견했다.

그래도 우주 조종사들은 그런 위험을 무릅쓰고 화성으로 향할 것이

2011년 5월 29일 우주왕복선 엔데버호의 승무원이 촬영한 국제우주정거장의 모습

다. 실제로, 위의 '쌍둥이 연구' 보고서는 낙관적으로 전망했다. "생물적 및 인간적 건강 변수의 다수가, 340일의 외계 임무 뒤에 안정적으로 유지되거나 기저선으로 돌아왔다는 점을 고려하면, 이 자료는 인간의 건강이 이런 길이의 외계 비행에서 대체로 유지될 수 있음을 보여준다."

그러나 보통 승객들에게 9개월에 걸친 화성 여행은, 육체적으로나 심리적으로나, 능력을 훨씬 넘어서는 일이다. 그들이 그 힘든 항해에서 살아남는다 하더라도, 화성엔 그들이 손상된 몸과 마음이 회복되도록 도울 의료 시설이 없다. 화성으로의 대량 이주는 비현실적이다.

냉동 배아의 수송

이런 장애를 넘는 길들 가운데 하나는 '인공수정 및 잉태In vitro fertilization and gestation' 기술의 활용이다. 현재 인공수정 및 배아의 냉동 보존은 원숙한 기술이다. 인공 잉태는 아직 시도되지 않은 기술이지만, 그리 어려운 기술은 아닐 것으로 예상된다. 이론적으로는, 냉동 배아는 시간의 제약 없이 보존될 수 있으므로, 냉동 배아를 화성으로 보내고 거기서 해동해서 잉태 과정을 마치는 것은 가능한 선택이다.

어려움은 출생 이후에 등장할 것이다. 갓 태어난 아기들은 각인 imprinting 과정을 도울 부모의 역할이 필요하다. 그래서 아기를 키울 양부모가 꼭 있어야 한다. 이 역할은 AI가 만족스럽게 수행하기 어려울 것이다. 하지만 이 방안은 눈에 띄는 장점을 지녔다.

① **안전성** 승객을 외계의 거센 방사선으로부터 보호하는 시설은 무척 크고 복잡하며 불완전하다. 반면, 냉동 배아는 작은 시설로 완벽하게 보호할 수 있다.

② **경제성** 현재의 기술로는 몇백 명의 승객을 위한 우주선도 만들기 벅차다. 그러나 몇십만 개의 냉동 배아를 실은 우주선은 작아도 된다.

③ **승객 집단의 안정성** 화성으로 가는 우주선의 승객은 갑자기 함께 살게 된 집단일 터이다. 따라서 크고 작은 갈등과 분열이 일어날 수밖에 없다. 좁은 공간에서 살아야 하니, 사소한 일로도 승객들이 나뉘고 다투게 될 가능성이 늘 존재한다.[8] 냉동 배아 방식은 이런 위험을 줄여서, 화성 이주의 비용을 크게 줄이고 위험을 낮출 것이다.

④ **합리화된 인구 구조** 화성의 식민지가 성장하는 과정에 맞춰 출생률이 조정될 수 있다. 자연히, 정착민들의 세대 사이에 인구 차이가 없고 유전적 편향도 크지 않을 것이다. 이것은 인구가 아주 적은 집단의 안정적 발전에 큰 도움이 될 것이다.

⑤ **화성 환경에의 적응** 정착민이 태어나기 전부터 화성의 환경에, 특히 약한 중력에, 적응을 시작할 터이므로 그들은 화성의 환경에 이주민보다 훨씬 잘 적응할 것이다.

화성의 환경

화성은 춥고 메마른 세계나. 햇볕은 약하고, 공기는 숨쉴 수 없고, 땅은 돌과 먼지로 덮여 있다. 이런 혹독한 환경에서 두 가지 조건이 특히 인간의 생존을 위협한다. 하나는 강력한 우주 방사선이고 다른 하나는 화성의 약한 중력이다.

지구의 두터운 대기권과 강력한 자기권magnetosphere은 지구를 안전하게 만든다. 화성은 공기가 희박하고 자기층이 없어서, 화성의 생물들은 방사선에 그대로 노출된다. 화성에서 공기가 희박한 것과 자기층이 없는 것은 연관되어 있다. 자기권은 천체의 자기장magnetic field에 의해 생성된다. 화성은 자기장이 없다. 자기장이 없으면, 천체는 공기

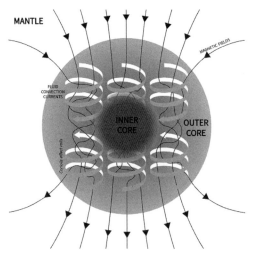

행성의 자기장 형성을 설명하는 발전기 이론

를 붙잡아둘 수 없다.[9]

위에서 살핀 조건들, 아주 낮은 온도, 숨 쉴 수 있는 공기의 부재 및 치명적 방사선이 화성의 정착 사회를 지하 공동체로 만들 것이다. 모든 생활시설이 지하에 자리 잡고 인위적으로 생산된 공기를 마시면서 살아가고, 외부 활동은 우주복을 입고 수행될 것이다.

화성의 환경에서 가장 중요한 요소는 약한 중력이다. 화성의 중력은 지구 중력의 37.7%이다. 지구 생태계의 긴 역사에서 늘 동일했던 요소는 지구 중력이었다. 당연히, 지구 중력과 다른 중력을 지닌 환경은 사람의 건강과 활동에 부정적인 영향을 미치게 된다.

지구 중력의 3분의 1 남짓한 화성 중력은 사람과 같은 고등동물이 적응할 수 없는 물리적 조건이다. 우리는 그렇게 약한 중력의 효과를 측정할 길이 없으므로, 정착민들이 실제로 살아본 뒤에야 그런 부정적 영향의 크기를 알 수 있을 것이다. 그래도 사람들이 화성에서 건강하게 살아갈 확률은, 냉정하게 예측하면, 너무 작다.

이제 외계 탐사에서 사람들이 할 수 있는 일은 거의 없다는 것이 드러났다. 사람의 몸은 지구의 산물이어서 우주복과 우주선에 의해 보호되더라도 외계에서 살아가기엔 너무 약하고 여리다. 그리고 사람의 마음도 익숙한 지구 밖의 환경을 받아들이기 어렵다. 먼 행성의 전초기지에서 낯선 풍경들을 보면서 살아가는 사람들이 감정적으로 얼마나 힘들겠는가.

그러나 사람의 마음은 AI를, '마음의 자식'을 낳았다. 사람들이 가지 못하는 곳으로 AI는 갈 수 있고 갈 것이다. 사람들이 하지 못하는 일을 AI는 할 수 있고 할 것이다. 외계에서 AI가 사람보다 잘하지 못할 일은 없다. 지금 화성에서 퍼서비어런스와 인저뉴어티가 하는 일이 이 슬프고도 반가운 사실을 우리에게 일깨워준다.

컴퓨터가 널리 이용되기 시작했을 때, 비로소 외계 탐사가 진지하게 시작된 것은 우연의 일치가 아니었다. 인류가 외계로 점점 더 깊숙이 들어가면, AI는 점점 더 큰 역할을 할 것이다. 그리고 외계 탐사와 정착에서 인간과 AI의 공생은, 정보적 공생인 제4차 공생은, 점점 원숙해질 것이다.

지구 생명의 전파

우리는 지금 진행되는 외계 탐사를 순전히 인류만의 사업으로 여긴다. 낯설고 위험한 외계로 점점 깊이 들어가면서, 우리는 인간적 충동을 따른다. 그리고 우리의 노력이 궁극적으로 인류의 생존과 번영에 기여하리라 믿는다.

그러나 지구 생태계의 다른 종들도 우리를 따라 외계로 나갈 것이다. 그들은 그들 나름의 강렬한 충동을 따라 새로운 영역으로 진출하는 것이며, 우리는 그들을 막을 수도 없고 막아서도 안 된다. 특히 우리와 공생하는 미생물들은 더욱 그렇다. 그들이 새로운 환경에서 번창해야 우리 자신도 정착해서 번창할 수 있다.

이 사실은 궁극적으로 인류의 외계 탐사는 지구 생명이 자신이 태어난 행성 너머로 뻗어가는 것이라는 사실을 우리에게 일깨워준다.

만일 우리가 그 사실을 놓치면, 우리는 외계 탐사의 뜻을 왜곡하고 감소시킬 수밖에 없다.

당연히 우리는 태양계의 행성과 위성들에서 지구 생태계를 되도록 충실하게 이식해야 한다. 그렇게 새로 만들어진 생태계엔 모든 종이 참여할 자격이 있다. 바이러스까지 적절한 자리를 차지하는 것이 옳다. 바이러스 없이는, 지구 생태계를 모형으로 삼은 외계 생태계는 불완전하고 불안정할 것이다.

설령 화성이 사람이 정착할 수 없는 곳으로 판명되더라도, 우리는 그 행성을 포기해선 안 된다. 우리는 화성을 미생물이나 간단한 생물들이 살 수 있는 곳으로 만들어야 한다. 그런 시도를 막을 장애물은 아직 보이지 않는다.[10]

1 '우주항행술astronautics'가 인간 우주비행의 아버지라 불리는 치올콥
스키 자신도 과학소설의 선구자인 프랑스 작가 쥘 베른Jules Verne
의 작품들로부터 깊은 영감을 얻었다. 베른의 『지구에서 달까지De la
terre à la lune』와 그 속편인 『달을 돌아서Autour de la lune』(국내 번역본의 제목
은 '달나라 탐험')는 달 여행 소설의 새로운 경지를 열었다.

2 1955년 7월 29일, 미국 정부는 국제 과학 사업인 '지구물리학의 해
International Geophysical Year: IGY'에 대한 미국의 공헌의 일부로 1957년 7
월 1일과 1958년 12월 31일 사이에 "작은 지구 선회 위성을 발사하
겠다"고 발표했다. 나흘 뒤 러시아 정부는 "가까운 미래"에 인공위
성을 발사할 계획을 발표했다. 이렇게 해서 두 초강대국 사이의 외
계 탐사 경쟁이 공식화되었다.
1958년 10월 4일, 러시아는 스푸트니크Sputnik 1호를 발사했다. 미국
은 러시아의 인공위성 개발에 대해 전혀 알지 못했으므로 큰 충격을
받았다. 많은 미국 사람들이 이 일을 미국의 패배로 받아들였다.
이어 1961년 4월 12일에 러시아는 유인 우주선 보스토크Vostok 1호
를 발사했다. 유리 가가린Yurii Gagarin이 조종하는 이 우주선은 108분
동안 지구를 돈 뒤, 러시아 상공에서 재진입했다. 가가린은 7,000m
상공에서 사출되어 낙하산으로 착륙했다. 그는 공산주의 국가들에
서 영웅이 되었고 세계적 명성을 얻었다. 러시아는 이 일을 선전에
활용했다.
존 케네디John Kennedy 대통령은 공산주의 국가 러시아의 이런 성취
에 미국 시민들이 느낀 부끄러움과 두려움을 잘 인식했다. 마침 그
는 CIA가 주도한 '쿠바 침공 작전'의 실패로 정치적 어려움을 겪고
있었다. 전문가들과 상의한 다음, 그는 달 착륙 사업을 자신의 사업
으로 채택했다. 1961년 5월 25일에 그는 국회에 긴급 전언을 보냈

다: "나는 이 나라가, 이 십년대decade가 지나기 전에, 사람을 달에 착륙시키고 그를 안전하게 지구로 데려오는 목표를 이루는 것을 다짐해야 한다고 믿습니다."

1963년에 케네디가 암살되자, 린든 존슨Lyndon Johnson 대통령은 달 착륙 사업을 케네디의 유산으로 삼아 적극적으로 지원했다. 마침내 미국의 노력은 1969년 6월 20일에 아폴로Apollo 11호가 달에 착륙하면서 소중한 열매를 맺었다. 선장 닐 암스트롱Neil Armstrong이 달 표면에 발을 내딛고서 한 말은 인류 역사에서 가장 뜻깊은 발언들 가운데 하나가 되었다: "그것은 사람으로선 작은 한 걸음이었지만, 인류에겐 거대한 한 걸음이었습니다That's one small step for a man, one giant step for mankind."

3 '오두막 열병'은 사람이 좁은 공간에 오래 갇혀 있을 때 느끼게 되는 폐소공포증적 심리 상태를 가리킨다. 이런 상태에 있는 사람은 밖으로 나가고 싶은 욕망을 제어하기 힘들고 함께 있는 사람들에게 극도의 짜증과 미움을 드러낸다. 오두막 열병은 질병이 아니므로 진단도 나올 수 없다. 그런 상태에 있는 사람은 비합리적 결정을 내릴 가능성이 높아 자신과 주변 사람들에게 위험을 제기한다. 훈련된 우주비행사들은 그리 어렵지 않게 자신을 통제할 수 있을 터이지만, 거의 한 해를 좁은 우주선에서 보내야 하는 일반 승객들은 극심한 심리적 압박을 받을 것이다.

이 상태의 치료법은 좁은 공간에서 벗어나 자연을 대하는 것이다. 자연과의 상호작용은 아주 짧은 경우라도 즉시 효과가 있다. 이런 치료가 어려운 우주선에선 오두막 열병은 우주선의 사회적 분위기를 위협할 수 있다.

4 국제우주정거장International Space Station: ISS에서 오래 일했던 우주 조종사들의 경험을 소개한 2018년의 연구는 이런 걱정이 현실적임을 보

여주었다.

자연 살해 세포natural killer cells; NK cells는 면역이 핵심 요소로서 종양의 감시와 잠복한 바이러스의 재활성화의 예방에서 긴요하다. 우주 조종사들은 약 6개월에 걸친 궤도 외계 임무 기간에, 임무 이전의 수준과 지상의 대조 집단과 비교해서 자연 살해 세포의 기능이 손상되었음을 필자들은 보고한다. 자연 살해 세포 기능의 저하는 처음 비행한 '루키' 조종사들에게서 더 두드러졌다.

— 오스틴 비글리Austin B. Bigley 외, 「자연 살해 세포 기능은 장기 우주 비행에서
손상된다NK cell function is impaired during long-duration spaceflight」 중에서

5   2007년에 발표된 연구에 따르면, 우주 비행은 식중독을 일으킬 수 있는 살모넬라균Salmonella typhimurium의 독성virulence을 3배가량 증가시켰다. 또한 우주 비행을 겪은 박테리아는 미생물막biofilm을 형성했는데, 지상의 대조군은 그런 변화가 없었다. 미생물막은 면역 체계와 항생제에 대한 저항을 늘리므로, 그것은 병원성의 증가와 관련이 있다.

— 윌슨J. W. Wilson 외, 「우주 비행은 박테리아 유전자의 발현과 독성을 바꾸고
광역 규제자 Hfq의 역할을 드러낸다Space flight alters bacterial gene
expression and virulence and reveals a role for global regulator Hfq」 중에서

2013년에 발표된 연구는 위의 결과를 확인해주었다.

정상적 중력 속의 대조군과 대비해보면, 우주 비행은 생존할 수 있는 세포의 수, 미생물막의 생질량biomass과 두께를 늘리는 것으로 관찰되었다. 더욱이, 우주 비행 중에 형성된 미생물막은 지구에서 관찰된 적이 없는 기둥과 덮개column-and-canopy 구조를 보였다.

— 김우성Wooseong Kim 외, 「우주 비행은 녹농균Pseudomonas aeruginosa의
미생물막 형성을 증진시킨다Spaceflight promotes biofilm formation by
Pseudomonas aeruginosa」 중에서

6 2017년에 발표된 연구는 이 위험의 심각성을 잘 보여주었다. 이 연구는 국제우주정거장ISS에 180일까지 장기 체류한 우주 조종사 23명을 대상으로 삼았다.

엡스타인-바 바이러스Epstein-Barr virus: EBV, 수두대상포진 바이러스varicella-zoster virus 및 거대세포바이러스cytomegalovirus: CMV의 방출은 23명의 우주 조종사 가운데 8명에게서 탐지되었다. 이 바이러스는 서로 독립적으로 재활성화되었다. 엡스타인-바 바이러스, 수두대상포진 바이러스 및 거대세포바이러스의 재활성화는 우주왕복선space shuttle 임무의 단기 체류(10~16일)보다 빈도, 기간 및 수량에서 증가했다.

— 사티쉬 메타Satish K. Mehta 외, 「국제우주정거장 우주 조종사들에서의
잠복 바이러스 재활성화Latent virus reactivation in
astronauts on the International Space Station」 중에서

7 쌍둥이는 유전자가 동일하거나 비슷하다. 그 사실을 이용해 유전적 영향과 환경적 영향을 분리해서 측정하는 연구가 쌍둥이 연구다. NASA의 연구 대상이 된 쌍둥이는 일란성 쌍둥이identical twin 남성으로 둘 다 우주 비행사였다. 한 사람은 340일 동안 ISS에 탑승했고 다른 사람은 지상에서 근무했다.

8 한 사람이 친밀하게 지낼 수 있는 사람들의 수에는 제약이 있다는 주장은 널리 받아들여진다. 처음 제안한 영국 인류학자 로빈 던바Robin Dunbar의 이름을 따서 '던바의 수Dunbar's number'라 불리는 이 주장은 대체로 150명이 가장 안정적이고 효율적이라고 여긴다. 실제로, 군대의 기본 단위인 중대company는 보통 이런 규모로, 중세까지는 100명 남짓했고 현대엔 150명가량이다(중대장은 부하들을 모두 개인적으로 아는 마지막 지휘관이다. 대대장 이상의 지휘관은 장교들을 지휘한다).
우주선은 밀폐된 좁은 공간이므로, 우주선 승객의 응집력과 안정성

이 특히 중요한 사회다. 이런 사정을 반영해서, 우주선을 다루는 과학소설에선 '던바의 수'를 충실히 지킨다.

9 자연히, 화성의 지구화terraforming는 자기장의 형성을 궁극적 목표로 삼게 될 것이다. 화성은 원래 자기장을 지녔었는데, 화성의 형성 뒤 5억 년이 채 안 되어 소멸된 것으로 보인다.
자기장의 연원에 관한 정설은 발전기 이론dynamo theory이다. 천체의 핵core에 있는 회전하고 대류가 일어나고 전기 전도가 되는 유체가 발전기 역할을 해서 자기장을 생성한다는 이론이다. 그런 발전기는 천문학적 시기에 걸쳐 자기장을 유지할 수 있다. 지구 자기장의 발전기는 외핵outer core의 유체 상태의 철이다. 수성, 목성, 토성, 그리고 목성의 위성인 가니메데Ganymede도 자기장을 지녔다.
천체의 멈춘 발전기를 다시 시동한다는 생각은 워낙 자연스러워서 많이 논의되었다. 그러나 이 이론은 아직은 세부까지 완결되지 않았고, 화성의 핵에 관한 지식도 아주 적은 상태다.

10 미생물은 강인하다. 물이나 필수적 영양소들이 없는 혹독한 환경에서 어떤 박테리아는 내생포자endospore를 생성한다. 원래의 세포는 자신의 염색체를 복사한 다음 그것을 여러 층의 구조물로 감싼다. 이어 내생포자에서 물이 빠지고 내생포자는 신진대사를 멈춘다. 원래의 세포는 스스로 녹아 내생포자를 방출한다. 내생포자는 놀랄 만큼 강인해서, 끓는 물에서도 살아남는다. 혹독한 환경에서는 몇 세기를 그렇게 견딘다. 그러다가 환경이 좋아지면, 다시 물을 흡수해서 신진대사를 재개한다. 따라서 자기장이 있는 행성과 위성들에서는 미생물이 번창할 수 있다. 수성, 목성, 토성 및 가니메데에 지구 생명체가 이주하도록 돕는 것은 생각할수록 커지는 뜻을 지닌다.

제8장

변형적
지식

우리의 눈길은 늘 별을 향한다. 간절히 바라지만 현실적으로 얻을 수 없는 것을 우리는 별이라 부른다. '애드 아스트라Ad astra(영어로는 to the stars)'라는 라틴어 구절이 구호와 작품 이름에 그리 많이 쓰이는 데서 그 점이 확인된다.

별들은 멀다. 우리 태양계에서 가장 가까운 별인 프록시마 센타우리Proxima Centauri는 4.24광년 밖에 있다. 태양에서 해왕성까지의 거리가 4.15광시light hours이니, 4광년은 굉장한 거리다. 다행스럽게도 프록시마 센타우리는 사람이 거주할 수 있다고 여겨지는 외계 행성exoplanet 하나를 거느리고 있다.

사람이 거주할 수 있는 행성을 거느린 다른 별들은 훨씬 멀다. 우주 진출에 희망적인 사실은 11~14광년의 층에 거주할 수 있는 행성이 적어도 8개가 있다는 것이다. 물론 우리가 보낼 항성우주선starship은 정착할 목적지에 이르기까지 엄청난 성간 공간interstellar space을 건너야 한다.

근본적 제약 조건

광활한 성간 공간은 인간의 우주 탐사와 우주 사회의 성립에 근본적 제약 조건이 된다. 무엇도 빛보다 빠른 속도로 움직일 수 없으므로, 광활한 공간에서의 정보 교류와 물질적 교통은 아주 오래 걸릴 터이다. 이 사실은 아시모프의 『기단Foundation』(국내 번역본의 제목은 '파운데이션') 연작에서 그려진 것과 같은 웅대한 은하 제국galactic empire은 실제로 나올 수 없음을 뜻한다.

> 빛의 속도는 한 사회적 단위의 응집력에 매우 기본적인 제약을 강요한다. 한 사회가 통합된 조직으로 여겨지려면, 그것은 바뀌는 일들에 집단적으로 대응할 수 있어야 한다. 지구의 민족국가에서, 경제적 불안정, 전쟁, 자연재해 같은 일상적 위기는 그것이 나타난 지 몇 시간이나 며칠 안에 공동체 전체의 집단적 대응을 받는다. 사람들은 그들이 국가적 노력의 한 부분으로 진화하는 상황에 공헌할 수 있다고 느끼므로, 그들은 나라와 자신을 동일시한다. […] 정보 전달에 걸린 시간이 사건들의 시간 규모에 비길 만하게 되면, 그 사회는 응집력을 잃는다.
>
> — 폴 데이비스Paul Davies, 『폭주하는 우주The Runaway Universe』 중에서

항성우주선이 빛의 속도의 30%까지 이를 수 있다고 예측하는 전문가도 있다. 빛의 속도 자체만을 빼놓고는, 우주선이 이르지 못할 속도는 없다. 그래도 예측 가능한 미래에 빛의 속도의 1%에 이를 우주선을 인류가 개발할 가능성은 전혀 없다[인류가 내보낸 우주선들 가운데 가장 빠

1977년 미국 NASA가 발사한 쌍둥이 우주탐사선 보이저 1~2호 중 하나를 촬영한 사진

른 보이저(Voyager) 1호는 현재 빛의 속도의 0.0056%의 속도로 항진하고 있다].

　항성우주선의 속도를 제약하는 것은 추진력의 문제만은 아니다. 성간 공간엔 많은 물체가 있어서, 유성진micrometeoroid과 입자들로부터 우주선을 보호하는 것은 심각한 문제다. 우주선의 속도가 워낙 빠르므로, 움직이지 않는 입자들도 우주선과 승무원들에게 큰 위험이 된다.[1]

　목적지에 가까워지면, 우주선은 감속해야 한다. 그런 필요성은 우주선이 낼 수 있는 속도를 더욱 제약한다. 위에서 살핀 여러 제약 조건들을 고려하면, 성간 공간을 건너는 여행은 오래 걸릴 것이다. 항성우주선의 평균 속도가 빛의 속도의 1%에 이를 수 있다면, 10광년 떨어진 별로의 항해에는 1,000년이 걸릴 것이다.

세대 항성우주선generation Starship

성간 공간이 아득히 깊고 우주선의 속도는 너무 느리다는 사실과 부딪치자, 우주 탐사의 선구자들은 세대 항성우주선generation starship이란 개념을 생각해냈다.[2] 말 그대로, 여러 세대가 우주선에서 살면서, 먼 별에 이른다는 생각이다. 그래서 흔히 '우주 방주space ark'라 불린다.

세대 항성우주선은 거대할 수밖에 없다. 긴 세월에 걸쳐 모든 면에서 완전히 자급자족해야만 하기 때문이다. 추진에 필요한 에너지와 반동 질량reaction mass,[3] 우주선의 유지와 보수, 공기와 물과 음식의 재활용은 완벽해야 한다. 우주선의 구조와 운용에선 여재redundancy가 충분

2012년 독일 뮌헨 공과대학의 안드레아스 M. 하인의
세대 항성우주선 구상인 '프로젝트 하이페리온(Project Hyperion)'

해야 한다. 자연히, 우주선의 규모는 지금까지 인류 문명이 만들어낸 기계들과 본질적으로 다를 터이고 훨씬 클 것이다. 그리고 우주선과 승무원을 보호하는 장비는 우주선을 더욱 크고 무겁게 만들 것이다.

또한 승객 수도 많아야 한다. 정착민들의 유전적 다양성을 확보하는 것은 무엇보다도 중요하다. 유전적 편향을 막기엔 몇만 명으로도 부족할 것이다.

한편, 수천 명으로 이루어진 공동체가 응집력을 유지하는 일도 무척 어려울 것이다. 그들이 뒤에 두고 온 지구 사회에서 물려받은 편향과 편견들의 유산이 쉽게 사라질 리 없으니, 좁은 우주선에 갇힌 공동체는 대립과 분열로 늘 몸살을 앓을 가능성이 크다. 사회적 불안을 줄일 공식적 위계나 기구들이 있다 하더라도, 제대로 기능하지 못할 터이다.

심화되는 고립은 상황을 더욱 어렵게 만들 것이다. 지구로부터의 소식은 좀 늦은 채로 그들을 따라올 것이다. 그러나 우주선에서 태어나 지구에서의 경험이 없는 세대에겐, 지구의 소식을 따라가기는 어렵고 흥미를 느끼기는 더욱 힘들 것이다. 외부로부터 오는 뜻있는 정보들의 주입이 점점 줄어들고 우주선 공동체 안에서의 지식 생산은 거의 없는 상황이 지속되다 보면, 공동체는 점점 쇠퇴할 것이다. 어떤 실제적 지식이 사라지면, 그것을 되찾는 일은 점점 어려워질 것이다.

먼 별을 찾아가는 세대 항성우주선이 만날 가장 어려운 문제는 바로 이런 사회적 쇠퇴일 것으로 보인다. 불행하게도, 그런 사회적 불안과 쇠퇴를 막을 효과적 조치는 없다.

이런 위험을 피하는 방법의 하나는 화성 이주와 관련해서 살펴본

1975년 미래의 우주 식민지 설계를 탐구하고 추측할 목적으로 스탠퍼드 대학에서
진행한 NASA의 여름 연구에서 제안된 우주선 프로젝트 '스탠퍼드 토러스'
(1~14만 명의 영구 거주자를 수용할 우주 정착지를 위한 계획이다.)

'인공수정과 잉태'다. 항성우주선이 목적지에 도달한 뒤에야, 냉동 배아들은 자라도록 허용될 것이다. 이런 방식은 여러 장점들—훨씬 작은 우주선, 유전적 다양성의 확보, 그리고 정착 사회의 질서 있는 발전 등—을 지녔다.

아쉽게도, 항성우주선에서 보낸 몇백 년이나 몇천 년의 세월은 배아들을 높은 에너지를 지닌 은하우주방사선galactic cosmic rays: GCRs에 노출시키게 될 것이다. 보호 장치들은 은하우주방사선과 유성진을 완벽히 차단하기 어렵다. 그리고 우주선에 실린 배아의 손상된 유전자들을 복원하기는 실질적으로 불가능하다.

1965년 방영된 CBS 드라마 시리즈 〈로스트 인 스페이스(Lost in space)〉의 한 장면
(우주 비행을 위해 가사 상태에 들어가는 모습)

지능 항성우주선Intelligent Starship

세대 항성우주선은 컴퓨터가 발명되기 전에 나온 개념이었다. 모든 복잡한 기계들의 작동 환로loop에서 사람의 판단이 실질적으로 배제된 지금, 세대 항성우주선의 개념도 그런 현실을 반영해서 진화해야한다. 언젠가 태양계를 벗어나 먼 별을 바라고 우주선이 떠날 때, 그 우주선은 AI가 조종하게 될 것이다. 실은 그 우주선이 AI의 몸일 것이다.

그런 우주선의 승객인 사람들은 어떤 모습으로 성간 공간을 지나는 긴 여행을 견디게 될까? 위에서 살펴본 것처럼, 사람들은 자연적 상태의 몸으로나 냉동 배아의 상태로나 길고 위험한 그 여정을 온전히 마칠 수 없다.

생명체의 본질적 부분은 육신이 아니다. 그 육신을 구성하는 원자와 분자들은 끊임없이 바뀐다. 본질적 부분은 유전체에 담긴 정보다. 따라서 승객의 유전적 정보만 싣고 승객은 지구에 남겨두고 가는 것이 합리적이다.

목적지 행성에 도착하면, AI 우주선과 AI 승무원들은 그런 유전적 정보들로 본래 승객들을 재현할 수 있을 것이다. 디지털 정보들로부터 3D 프린팅 3D printing을 통해 완벽하게 승객의 몸을 그대로 재현할 수 있을 것이다. 이 기술은 합성생물학 synthetic biology에 속하며, 이미 초보적 단계에 성공적으로 진입했다.[4]

어떤 생명체도 강력한 방사선으로부터 손상을 입지 않고 별로의 긴 여행을 마칠 수는 없다. 우주선 자체도 방사선과 분진의 끊임없는 폭격에 낡아갈 것이다. 그러나 유전적 정보는 주기적 점검과 오류의 수정을 통해 원래의 모습을 그대로 지닐 것이다.

유전적 정보만을 싣고 떠난다면, 우주선은 모든 사람의 유전적 정보를 지닐 수 있다. 사실 지구의 모든 종의 유전적 정보를 지닐 수 있다. 그리고 AI 우주선과 AI 승무원들에 의해 부활한 생명체들은 새로운 행성에서 빠르게 퍼져 나갈 것이다. 40억 년에 걸친 지구 생태계의 역사가 단 몇 세기 동안에 낯선 별의 행성에서 재현될 수 있을 것이다.

변형적 지식의 추구

다른 항성 체계에 정착하는 것은 초지능 AI의 사업이다. 화성 탐사에서 뚜렷해진 것처럼, 외계는 AI의 영역이다. 사람의 육신은 외계에서 활동하기엔 너무 약하고 여리다.

앞으로 외계 탐사에서 AI의 역할은 더욱 중요해질 것이다. 목성, 토성, 해왕성과 그 위성들을 탐사할 때, 실제로 그 멀고 낯선 세계에 발을 딛는 것은 똑똑한 로봇일 것이다. 태양계를 벗어나 다른 별로 향할 때, 우주선은 초지능 AI가 설계하고 제작하고 운용할 것이다. 사람들이 할 일은 그 사업에 드는 막대한 자금을 마련하는 것뿐일 터이다.

몇천 년 걸릴 항해가 끝나면, 인류와 지구 생태계의 다른 종들은 함께 낯선 별 아래 AI 우주선과 AI 승무원들이 지구화해놓은 행성에서 부활할 것이다. 그리고 그 낯선 환경에 적응하면서 진화해갈 것이다.

이처럼 초지능 AI가 주도할 외계 탐사와 정착에서, 낯선 환경에서 부활한 인간들은 공생에 어떤 공헌을 할 수 있을까? AI와의 공생에서 사람들이 지닌 비교 우위는 그들의 확고한 현실감각sense of reality이다. 40억 년의 진화 과정을 거쳐 형성되었으므로, 사람들의 현실감각은 지능만이 아니라 본능, 욕망, 감정, 직관, 미적감각과 같은 다양한 발견법heuristics을 포함한다. 초지능 AI의 판단이 뛰어나더라도, 그것이 실재를 받아들이는 능력에는 제약이 있을 수밖에 없다.

이런 비교 우위는 낯선 환경에서 사람들에게 실재를 잘 판단하도록 만들어줄 것이다. 아울러, 늘 바뀌는 환경에 적응하면서 온 지구로 확산해온 경험은 선구자들에게 필요한 능력을 부여할 것이다. 이런 사정을 고려하면, 외계의 탐사와 정착에서 인류의 경험은 중요한 자산이 될 것이다. '변경frontier'이라는 말보다 사람들의 가슴을 더 깊이 움직이는 말이 있을까?

이런 성취는 인간과 AI 사이의 '정보적 공생' 덕분에 가능하다. AI 없이는, 인류는 외계로 나갈 엄두를 내지 못할 터이다. 인류 없이는, AI는 태어나지도 초지능으로 발전하지도 못했을 것이다. 공생은 새로운 가능성을 만들어낸다. 그것은 존재하는 지식들을 보다 높은 수준의 지식으로 변형시킨다.

실은 이번 인간과 AI의 정보적 공생이 외계 탐사를 가능하게 한 첫 공생은 아니다. 지구 생물에 의한 외계 탐사는 4억 7천만 년 전에 시도되었다. 생명은 바다에서 태어나 줄곧 바다에서 살았고, 그때까지 육지는 메마르고 생물이 거의 살지 않았다.

당시 식물은 광합성을 통해서 탄수화물을 생산할 수 있었다. 그러나 뿌리가 없어서 흙으로부터 필수 영양분을 제대로 섭취할 수 없었다. 곰팡이는 광합성을 할 수 없었지만, 흙으로부터 영양분을 섭취할 수 있었다. 자연스럽게, 식물과 곰팡이는 상리공생에 들어갔고, 균근mycorrhizae을 통해서 생산물을 교환했다. 제2차 공생의 한 부분인 이런 공생을 통해서, 식물과 곰팡이는 엄혹한 육지 환경에 적응할 수 있었고, 그 뒤로 줄곧 번창했다.

이처럼 공생은 변형적 지식transformative knowledge을 추구한다. 공생은 변형적 지식을 통해서 새로운 설계 공간design space을 개척한다. 생물적 존재인 인간과 비생물적 존재인 AI의 공생인지라, 제4차 공생은 이전의 공생들보다 훨씬 너른 설계 공간을 창조할 것이다.

주

1   러시아 물리학자 올레그 세미오노프Oleg G. Semyonov는 이런 위험이
    흔히 간과된다고 지적한다.

    일반적으로, 성간 공간은 비었거나 아마도 연료로 쓰이거나 우주선을 멈추
    는 데 쓰일 수 있는 희박하고 무해한 가스를 포함한다고 가정된다. 실제로
    는, 성간 공간에 대한 이런 견해는 완전히 그르다. 우주선이 0.3광속(c) 이상
    의 상대론적 속도로 가속하면, 성간 공간의 가스는 상대론적 핵자relativistic
    nucleon*들의 흐름이 되는데, 그것은 자체로 항성우주선과 거기 탄 승객, 전
    자 기기들을 폭격하는 단단한 방사선이다. 그것에 더해서, 성간 공간은 높은
    에너지를 지닌 우주선cosmic rays과 먼지를 지녔는데, 이 모든 것은 적절한
    방호 작업이 시행되지 않으면 큰 문제가 된다.

    — 올레그 세미오노프, 「상대론적 성간 비행의 방사능 위험
    Radiation hazard of relativistic interstellar flight」 중에서

    * 핵자는 원자핵을 구성하는 양성자와 중성자를 가리킨다.

2   세대 항성우주선을 맨 처음 얘기한 사람은 로켓의 선구자 로버트
    고다드Robert Goddard였다. 1918년에 발표된 『궁극적 이주The Ultimate
    Migration』에서, 그는 태양의 죽음에 대처할 '성간 방주interstellar ark'의 필
    요성을 지적했다. 그는 작은 달이나 소행성asteroid을 우주선으로 쓰
    는 방안을 제시했다. 긴 여행 동안 승무원들은 가사suspended animation
    상태에서 지내고 목적지에 도착하면 다시 깨어나도록 구상되었다.
    1928년에 발표된 『지구와 인류의 미래The Future of Earth and Mankind』에
    서 치올콥스키는 우주선의 승무원이 여러 세대에 걸쳐 여행하는 상황
    을 제시했다. 그는 그런 우주선을 '노아의 방주Noah's Ark'라 불렀다.
    마침내 1940년에 세대 항성우주선을 다룬 첫 과학소설인 돈 윌콕스

Don Wilcox의 『600년 걸린 항해The Voyage that Lasted 600 years』가 등장했다. 이 작품에선 선장이 100년마다 동면에서 깨어나 우주선의 상황을 점검하고 다시 동면에 들어간다. 그렇게 깨어날 때마다, 그는 우주선 안의 사회가 점점 쇠퇴하는 것을 목격한다. 이후로 항성우주선의 작은 공동체가 여러모로 쇠퇴해가는 과정을 그린 작품들이 세대 항성우주선의 주요 주제가 되었다.

3 반동 질량은 어떤 체계가 가속을 얻기 위해서 밀어내는 질량이다. 화학 로켓의 경우, 반동 질량은 추진력을 얻기 위해서 뒤로 밀어내는 연소 생성물이다. 반동 질량은 작업 질량working mass이라고도 한다.

4 2019년에 스위스 연방공대ETH Zurich의 조내선 베네츠Jonathan Venetz와 그의 동료들은 박테리아 카울로박터 크레센투스Caulobacter crescentus의 유전체genome 합성본synthetic version을 물질적으로 만드는 데 성공했다. 대규모 화학적 DNA 합성과 함께 설계 최적화 알고리즘을 이용한 컴퓨터에 의해 생성된 이 합성 박테리아 유전체는 카울로박터 에텐시스Caulobacter ethensis−2.0이라는 이름을 얻었다. 그들은 유전체의 서열을 급격하게 단순화했다. 그래도 단백질 수준에서의 생물적 기능은 바뀌지 않았다. 이런 성취는 유전체의 생산을 수월하도록 만들 것이다.

영원한 항해

진정한 항해는 끝나지 않는다. 생명은 멈추지 않고 새로운 공간을 찾아 뻗어 나간다. 우리 '육신의 아이들'과 '마음의 아이들'은 협력하면서 이 은하계Milky Way Galaxy의 중심부로 진출할 것이다.

아득한 세월이 흐른 뒤, 인간-AI 공생체의 전위는 은하계의 저쪽 해변에 이를 것이다. 그때는 이미 태양이 오래전에 적색거성으로 부풀어 올라 태양계는 생명이 존재할 수 없는 세계가 되었을 것이다.

물론 우리의 후손들도 2000년대를 사는 우리로선 알아보기 어려울 정도로 진화했을 것이다. 그래도 몇억 년 전에 공생에 들어간 작은 식물과 더 작은 곰팡이가 대륙의 냉혹한 환경 속으로 진출하도록 격려한 생명의 힘은 여전해서 인간-AI 공생체를 이끌 것이다. 컴컴한 은하간 공간intergalactic space을 살피면서, 그들은 다가오는 항해를 생각할 것이다. 그 거대한 공간도 그들의 뜻을 꺾을 수는 없을 것이다.

그리하여 이 마지막 장엔 '영원한 항해자' 오디세우스의 다짐이 어울리리라.

영웅적 가슴들의 평정한 기질,

세월과 운명으로 약해졌지만

분발하고, 추구하고, 찾고, 포기하지 않으려는 의지는 꿋꿋한.

One equal temper of heroic hearts,

Made weak by time and fate, but strong in will

To strive, to seek, to find, and not to yield.

읽을 만한

과학소설들

이 글의 논지들 가운데 하나는 초지능이 아직 실재하지 않는 존재이므로, 그것에 관한 논의는 본질적으로 과학소설의 영역에 머문다는 것이다. 그래서 많은 과학소설 작품들이 명시적으로나 암묵적으로 인용되었다. 그런 작품을 여기 열거하기는 어려우므로, 독자가 읽을 만한 작품들 몇을 소개한다.

① 『프랑켄슈타인, 또는 현대의 프로메테우스Frankenstein, or The Modern Prometheus』

영국 작가 메리 셸리(Mary Wollstonecraft Shelley, 1797~1851)가 1818년에 발표한 작품으로 흔히 정통 과학소설의 효시로 꼽힌다. 그녀는 시인 셸리Percy Bysshe Shelley의 아내다.

주인공 프랑켄슈타인은 여러 과학 분야에 정통한 과학자로 죽은 사람과 야생 동물의 장기들을 모아서 사람의 형태를 만들고 그 형태에 비밀스러운 기술로 생명을 불어넣는다. 불행하게도, 그렇게 태어난 존재는 몰골이 너무 추하고 위협적이어서 인간 사회에서 살아갈 수 없었다. 그래서 이 대담한 실험에 관련된 사람들은 비극적 운명을 맞는다.

이 작품은 여러 가지 문제를 제기하는데, 그중 가장 중요한 것은 인류 사회에 새로운 존재가 나타나면, 그것에 걸맞은 사회적 공간을 마련해주는 일이 긴요하다는 점이다. 의식과 의지를 지닌 인공지능이 나타나려는 지금, 이 작품은 중요한 이야기들을 독자들에게 들려준다.

② 『마지막 그리고 첫 사람들Last and First Men』

영국 작가 올라프 스테이플던(Olaf Stapledon, 1886~1950)이 1930년에 발표한 '미래 역사future history'다. 우리 현생인류가 20억 년에 걸쳐 진화하면서 18개 인류 종족들이 나타나고 사라지는 모습을 그렸다. 대담한 상상력과 웅장한 규모를 갖춘 이 작품은 인류가 현재의 모습을 오래 지닐 것으로 상정하는 일상적 관행에서 벗어나 먼 미래의 인류 모습을 상상하는 계기를 마련해준다. 초월인간주의 Transhumanism에 영감을 주었다.

③ 『1984Nineteen Eighty-four』

영국 작가 조지 오웰(George Orwell, 1903~1950)이 1949년에 발표한 정치소설이다. 과학소설을 전문적으로 쓰는 작가가 아닌 '외부 작가'가 쓴 과학소설 작품들 가운데 백미로 꼽히는 작품이다. 국가 권력이 시민들의 행동만이 아니라 생각까지 통제하는 전체주의 사회의 궁극적 모습을 그렸다. '빅 브라더Big Brother', '신언어Newspeak', '이중사고Doublethink'와 같은 음산한 개념들은 정보의 처리와 유통을 장악한 전체주의적 권력이 시민들의 자유를 위협하는 과정을 사람들이 새롭게 인식하도록 만들었다.

이 작품은 스탈린 시대의 소비에트 러시아에서 영감을 얻었다. 컴퓨터와 인터넷의 발전으로 전체주의 국가들의 시민들에 대한 통제력이 점점 강화되는 터라, 이 작품은 근년에 오히려 사회적 연관성relevancy이 커졌다.

④ 『나, 로봇I, Robot』

미국 작가 아이작 아시모프(Isaac Asimov, 1920~1992)의 로봇 연작들을 모은 단편집으로 1950년에 나왔다. 그의 유명한 '로봇 공학의 3법칙'은 1941년에 발표된 세 번째 이야기인 「거짓말쟁이!Liar!」에서 처음 소개되었다. 로봇을 호의적으로 그린 그의 작품들은 로봇을 '위협적 금속 괴물'로 여기던 당시의 풍조를 바꾸는 데 크게 기여했다.

⑤ 『달은 엄격한 여선생이다The Moon Is a Harsh Mistress』

과학소설의 진화에 가장 큰 영향을 미친 작가들 가운데 하나로 꼽히는 미국 작가 로버트 하인라인(Robert Heinlein, 1907~1988)이 1966년에 발표한 작품이다. 지구의 압제적 통치를 받던 월면 공동체가 봉기해서 지구가 보낸 군대와 싸워 독립하는 과정을 그렸다.

이 작품의 실질적 주인공은 의식을 지닌 컴퓨터다. 여러 컴퓨터들이 연결되면서 주 컴퓨터가 의식을 지니게 되었다는 설정이다. 이제 대부분의 전문가들은 이런 방식으로 의식을 지닌 인공지능이 나타나리라고 본다. 아르파넷ARPANET이 1969년에 처음 개통되었다는 사실을 떠올리면, 이런 설정의 비범함을 깨닫게 된다. 문학성까지 뛰어난 기념비적인 작품이다.

⑥ 『강화된 사람Man Plus』

미국 작가 프레데릭 폴(Frederick Pohl, 1919~2013)이 1976년에 발표한 작품이다. 화성의 혹독한 환경에서 살아갈 수 있도록 기능이 강화된 자동조절인간cyborg의 이야기다.

⑦ 『화성Mars』 3부작

인류가 화성에 정착하는 과정을 그린 미국 작가 킴 스탠리 로빈슨(Kim Stanley Robinson, 1952~)의 작품으로, 『붉은 화성Red Mars』(1992), 『풀빛 화성Green Mars』

(1993), 『파란 화성Blue Mars』(1996)으로 이루어졌다. 많은 화성 탐사 소설들의 업적 위에 세워진 기념비적 작품이다. 화성 탐사가 본격적으로 시작된 터라, 시의를 얻었다.

⑧『1조 년 동안의 잔치Trillion Year Spree』
영국 작가 브라이언 올디스(Brian Aldiss, 1925~2017)와 데이비드 윈그로브(David Wingrove, 1954~)가 1986년에 펴낸 과학소설의 역사다. 저자들의 통찰력이 배어 있고 주장이 뚜렷하고 과학소설에 대한 열정으로 융합되어 있어, 읽는 이에게 큰 즐거움을 안겨준다. 그러나 과학소설에 대한 기본 지식을 지닌 독자를 대상으로 삼고 있기 때문에 일반 독자에겐 좀 어려운 면도 있다. 힘든 지적 모험에 나설 마음이 있는 독자들에게 추천하고 싶다.

참고

문헌

Akmajian, Adrian; Demers, Richard A.; Farmer, Ann K. and Harnish, Robert M
(2001): Linguistics: An Introduction to Language and Communications, The
MIT Press

Aldiss, Brian W. (1973): Billion Year Spree: The True History of Science Fiction,
Schocken Books

Allison, Graham (2017): Destined for War: Can America and China Escape
Thucydides's Trap?, Houghton Mifflin Harcourt

Alston, William P. (1964): Philosophy of Language, Prentice-Hall, Inc.

Ameisen, J. C. (2002): "On the origin, evolution, and nature of programmed
cell death: a timeline of four billion years", Nature: Cell Death and
Differentiation, March 2002

Andrew, Eluyefa Olanrewaju (2016): "Human Computer Symbiosis", Computer
Science

Arrow, Kenneth J. (1951): Social Choice and Individual Values, Yale University
Press (1963)

Asadullah, Ahmad et al. (2018): "Digital Platforms: A Review and Direction",
PACIS 2018 proceedings

Aunger, Robert (2002): The Electric Meme: A New Theory of How We Think, The Free Press

Avital, Eytan and Jablonka, Eva (2000): Animal Traditions: Behavioural Inheritance in Evolution, Cambridge University Press

Axelrod, Robert (1984): The Evolution of Cooperation, Basic Books

Ball, Philip (2004): Critical Mass: How One Thing Leads to Another, Farrar, Straus and Giroux

(2012): "Turing Patterns", Chemistry World

(2018): Beyond Weird, The University of Chicago Press

Barabasi, Albert-Laszlo (2002): Linked, Plume Books (2003)

Barker, Stephen (1964): Philosophy of Mathematics, Prentice-Hall, Inc.

Barzel, Yoram (1997): Economic Analysis of Property Rights, Cambridge University Press

Becker, Gary S. (1976): The Economic Approach to Human Behavior, The University of Chicago Press

Belkaid, Yasmine and Timothy Hand (2014): "Role of the Microbiota in Immunity and Inflammation", Cell, March 27, 2014

Benner, Steven A.; Hutter, Daniel; and Sismour, A. Michael (2003): "Synthetic biology with artificially expanded genetic information systems. From personalized medicine to extraterrestrial life." Nucleic Acids Research Supplement No.3

Benner, Steven A.; Karalkar, Nilesh B.; Hoshika, Shuichi; Laos, Roberto; Shaw, Ryan W.; Matsuura, Mariko; Fajardo, Diego; and Moussatche, Patricia (2016): "Alternative Watson-Crick Synthetic Genetic Systems," Cold Spring Harbor Persepctives in Biology, 2016 November

Bennett, Charles Henry (1973): "Logical Reversibility of Computation," IBM J. Res. Develop., Nov. 1973

Bernal, J. D. (1929): "The World, the Flesh & the Devil: An Inquiry into the Future of the Three Enemies of the Rational Soul"

(1954, 1965): Science in History, The MIT Press

Bigley, Austin B. et al. (2018): "NK cell function is impaired during long-duration spaceflight"

Blackmore, Susan (1999): The Meme Machine, Oxford University Press

Boland, Lawrence A. (1982): The Foundations of Economic Method, George Allen & Unwin

Bommasani, Richi and Liang, Percy (2021): "Reflections on Foundation Models", Oct. 18, 2021, HAI, Stanford University

Bonner, john Tyler (2006): Why Size Matters from Bacteria to Blue Whales, Princeton University Press

Bootle, Roger (2019): The AI Economy: Work, Wealth and Welfare in the Robot Age, Nicholas Brealey Publishing

Bradshaw, John (2011): Dog Sense: How the New Science of Dog Behavior Can Make You a Better Friend to Your Pet, Basic Books

Brassley, Paul and Soffe, Richard (2016): Agriculture: A Very Short Introduction, Oxford University Press

Bronowski, J (1973): The Ascent of Man, Little, Brown and Company

Bronowski, J. and Mazlish, Bruce (1960): The Western Intellectual Tradition, Penguin Books (1963)

Brooks, Rodney A. (1990): "Elephants Don't Play Chess", Robotics and Autonomous Systems 6 (1990) 3-15

(2002): Flesh and Machine: How Robots Will Change Us, Vintage Books

Broussard, Meredith (2018): Artificial Unintelligence: How Computers Misunderstand the World, The MIT Press

Brynjolfsson, Erik (1993): "Productivity Paradox of Information Technology: Review and Assessment", Communications of the ACM

Brynjolfsson, Eric and McAfee, Andrew (2011): Race against the Machine: How the Digital Revolution Is Accelerating Innovation, Driving Productivity, and Irreversibly Transforming Employment and the Economy, Digital Frontier Press

Campbell, Neil A. et al. (1990, 2016): Biology, The Benjamin / Cummings Publishing Company, Inc.

Capra, Fritjof (2002): The Hidden Connections: A Science for Sustainable

Living, Anchor Books

Choi, Hyun Ho and Cho, Young-Seok (2016): "Fecal Microbiota Transplantation: Current Applications, Effectiveness, and Future Perspectives", Clinical Endoscopy

Clark, William R. (1996): Sex and the Origins of Death, Oxford University Press

Clarke, Arthur C. (1977): Profiles of the Future: An Inquiry into the Limits of the Possible, Popular Library

Cohen, Stanley N., Chang, Annie C. Y., Boyer, Herbert W., and Helling, Robert B. (1973): "Construction of Biologically Functional Bacterial Plasmids In Vitro," Proc. Nat. Acad. Sci. USA, Vol. 70, No. 11

Damasio, Antonio (1999): The Feeling of What Happens: Body and Emotion in the Making of Consciousness, Harcourt, Inc.

Darwin, Charles (1859): On the Origin of Species, The Modern Library (1993)
(1871): The Descent of Man, and Selection in Relation to Sex, Penguin Books (2004)

Datta, Kamal et al. (2012): "Exposure to heavy ion radiation induces persistent oxidative stress in mouse intestine"

Davies, Paul (1978): The Runaway Universe, Harper & Row, Publishers

Davis, Morton D. (1970): Game Theory: A Nontechnical Introduction, Basic Books (1973)

Dawes, Jonathan H. P. (2016): "After 1952: The Later Development of Alan Turing's Ideas on the Mathematics of Pattern Formation", Historia Mathematica

Dawkins, Richard (1976, 1989): The Selfish Gene, Oxford University Press (1989)
(1982, 1999): The Extended Phenotype: The Long Reach of the Gene, Oxford University Press (1999)
(1996): Climbing Mount Improbable, W. W. Norton & Company
(1998): Unweaving the Rainbow: Science, Delusion and the Appetite for Wonder, Mariner Book
(1988): "The Evolution of Evolvability", Artificial Life, SFI Studies in the

Sciences of Complexity, Ed. C. Langton, Addison-Wesley publishing Company

(2003): Devil's Chaplain: Reflections on Hope, Lies, Science , and Love, Houghton Mifflin Company

(2004): The Ancestor's Tale: A Pilgrimage to the Dawn of Evolution, Houghton Mifflin Company

(2006): The God Delusion, Houghton Mifflin Company

de Waal, Frans (2006): Primates and Philosophers: How Morality Evolved, Princeton University Press

(2016): Are We Smart Enough To Know How Smart Animals Are? Granta Publications

Dean, Jeffrey (2020): "The Deep Learning Revolution and Its Implications for Computer Architecture and Chip Design", Google Research

Deglincerti, Alessia et al. (2016): "Self-organization of the in vitro attached human embryo", Nature 533, 251-254

Demmer, Michael et al. (2008): "Richard Feynman: Simulating Physics with Computers"

Denis, Herman and Jean-Claude Lacroix (1993): "The dichotomy between germ line and somatic line, and the origin of cell mortality", Trends in Genetics, Volume 9, Issue 1, January 1993

Denison, R. Ford and E. Toby Kiers (2011): "Life Histories of Symbiotic Rhizobia and Mycorrhizal Fungi", Current Biology vol. 21, Issue 18, 27 September 2011

Dennett, Daniel C. (1991): Consciousness Explained, Little, Brown, and Company

(1995): Darwin's Dangerous Idea: Evolution and the Meaning of Life, Simon and Schuster

(2003): Freedom Evolves, Penguin Books

(2017): From Bacteria to Bach and Back: The Evolution of Minds W. W. Norton & Company

Devlin, Keith (1991): Logic and Information, Cambridge University Press

(2000): The Language of Mathematics: Making the Invisible to Visible, A. W. H. Freeman

Diamond, Jared (1997): Guns, Germs, and Steel. W. W. Norton & Company.

(2005): Collapse: How Societies Choose to Fail or Succeed, Viking

Dirac, Paul A. M. (1963): "The Evolution of the Physicist's Picture of Nature," Scientific American, May 1963

Doebley, John F., Gaut, Brandon S., and Smith, Bruce D. (2006): "The Molecular Genetics of Crop Domestication", Cell, Volume 127, Issue 7

Dopfer, Kurt, ed. (2005): The Evolutionary Foundations of Economics, Cambridge University Press

Dugakin, Lee Alan (2018): "The silver fox domestication experiment", Evolution: Education and Outreach 11

Du Sautoy, Marcus (2016): What We Cannot Know: From consciousness to the cosmos, the cutting edge of science explained, 4th Estate

(2019): The Creativity Code: How AI Is Learning to Write, Paint and Think, 4th Estate

Dyson, Freeman (1999): Origins of Life, Cambridge University Press

Eckhardt, Roger (1987): "Stan Ulam, John von Neumann, and the Monte Carlo Method", Los Alamos Science, Special Issue 1987

Eigen, Manfred (1987): Steps toward Life: A perspective on Evolution, translated by Paul Woolley, Oxford University Press (1992)

Eisley, Loren (1962): The Immense Journey, Time Incorporated

Elowitz, Michael and Leibler, Stanislas (2000): "A synthetic oscillatory network of transcriptional regulators," Nature, January 2000

Epstein, Joshua M. and Axtell, Robert (1996): Growing Artificial Societies, Brookings Institution Press

Fearn, Nicholas (2005): Philosophy: The Latest Answers to the Oldest Questions, Atlantic Books

Fogel, David B. (2000): "What is evolutionary computation?", IEEE Spectrum, Feb. 2000

Foley, Robert (1987): Another Unique Species: Patterns in human evolutionary ecology, Longman Scientific & Technical

Fox, Robin (1989): The Search for Society: Quest for Biosocial Science and Morality, Rutgers University Press

Frank, Robert H. (1988): Passions within Reason: The Strategic Role of Emotion, W. W. Norton & Company

Frankena, William K. (1973): Ethics, Prentice-Hall

Frey, Carl Benedikt and Osborne, Michael A. (2013): "The Future of Employment: How Susceptible Are Jobs to Computerization?," Technical Forecasting and Social Change

Friedman, Benjamin M. (2005): The Moral Consequences of Economic Growth, Alfred Knopf

Gardner, Timothy S.; Cantor, Charles R.; and Collins, James J. (2000): "Construction of a genetic toggle switch in Escherichia coli ," Nature January 2000

Gerber, Alina; Derckx, Patrick; Döppner, Daniel A.; and Schoder, Detlef (2020): "Conceptualization of the Human-Machine Symbiosis: A Literary Review", Proceedings of the 53 rd Hawaii International Conference on System Sciences

Ghiglieri, Michael P. (1987): "Sociobiology of the great apes and the hominid ancestor", Journal of Human Evolution, Volume 16, Issue 4, May 1987

Gibson, Daniel G. et al. (2010): "Creation of a Bacterial Cell Controlled by a Chemically Synthesized Genome," Science Jul;y 2010 Volume 329, Issue 5987

Gleick, James (1987): Chaos: Making a New Science, Sphere Books
        (2011): The Information: A History, a Theory, a Flood,, Vintage Books

Good, Irving John (1965): "Speculations Concerning the First Ultraintelligent Machine", Advances in Computer, volume 6

Grafen, Alan and Ridley, Mark, ed. (2006): Richard Dawkins: How a Scientist Changed the Way We Think, Oxford University Press

Guéguinou, Nathan et al. (2009): "Could spaceflight-associated immune system weakening preclude the expansion of human presence beyond

Earth's orbit?", Journal of Leukocyte biology, Volume 86, Issue 5

Haldane, J. B. S. (1923): "Daedaus, or, Science and the Future"

Harari, Yuval Noah (2016): Homo Deus: A brief History of Tomorrow, Vintage (2017)

 (2018): 21 Lessons for the 21st Century, Penguin Random House LLC

Hardy, G. H. (1940): "A Mathematician's Apology",

Hare Brian and Brown, Nichelle (2002): "The Domestication of Social Cognition in Dogs," Science 298

Harlan, Jack R. (1992): Crops and Man, 2nd edition, American Society of Agronomy-Crop Science Society of America

Hauser, Marc D. (2006): Moral Minds: How Nature Designed Our Universal Sense of Right and Wrong, HarperCollins

Hayek, Friedrich A. von (1944): The Road to Serfdom, Routledge

 (1945): "The Use of Knowledge in Society", the American Economic Review, September, 1945

 (1948): Individualism and Economic Order, The University of Chicago Press

 (1960): The Constitution of Liberty, The University of Chicago Press

 (1982): Law, Legislation and Liberty, Routledge

 (1988): The Fatal Conceit: The Errors of Socialism, The University of Chicago Press

Heinrich, Bernd (2013): "The Biological Roots of Aesthetics and Art", Evolutionary Psychology,

Helffrich, Geore (2017): "Feasibility of a magma ocean dynamo on Mars", Progress in Earth and Planetary Scienc 4

Hempel, Carl G. (1966): The Philosophy of Natural Science, Prentice-Hall, Inc.

Hidalgo, César (2015): Why Information Grows: The Evolution of Order, from Atoms to Economies, Basic Books

Hölldobler, Bert and Wilson, Edward O. (1990): The Ants, The Belknap Press of Harvard University Press

Horgan, John (2017): "Profile of Claude Shannon, Inventor of Information Theory"

Hull, David L. (1974): Philosophy of Biological Science, Prentice-Hall

Hunter, Philip (2009): "Extended phenotype redux. How far can the reach of genes extend in manipulating the environment of an organism", EMBO Reporto, March 2009

Husain, Amir (2017): The Sentient Machine: The Coming Age of Artificial Intelligence, Simon & Schuster, Inc

Jackendoff, Ray (1994): Patterns in the Mind: Language and Human Nature, Basic Books

Jervis, Robert (1997): System Effects: Complexity in Political and Social Life, Princeton University Press

Jinek, Martin; Chilinski, Krzysztof; Fonfara, Ines; Hauer, Michael; Doudna, Jennifer A.; and Charpentier, Emmanuelle (2012): "A Programmable Dual-RNA-guided DNA Endonuclease in Adaptive Bacterial Immunity," Science, Volume 337

Jokela, Jukka; Dybdahl, Mark F.; and Lively, Curtis M. (2009): "The Maintenance of Sex, Clonal Dynamics, and Host-Parasite Coevolution in a Mixed Population of Sexual and Asexual Snails", The American Naturalist, Volume 174 July 2009

Kandel, Eric R. (2006): In Search of Memory: The Emergence of a New Science of Mind, W. W. Norton & Company

Karpathy, Andrej (2017): "Software 2.0"

Kauffman, Stuart A. (1993): The Origins of Order: Self-organization and Selection in Evolution, Oxford University Press

Kelleher, John D. (2019): Deep Learning, The MIT Press

Kelley, D. B. (2013): The Origin of Phenomena, Woodhollow Press

Kennedy, Paul (1987): The Rise and Fall of the Great Powers: Economic Change and Military Conflict from 1500 to 2000, Vintage Books

Kiers, E. Toby et al. (2019): "Mycorrhizal Fungi Respond to Resource Inequality by Moving Phosphorus from Rich to Poor Patches across Networks", Current Biology

Kim, Wooseong et al. (2013): "Spaceflight Promotes Biofilm Formation by

Pseudomonas aeruginosa"

Kral, Karl (2016): "Implications of insect responses to supernormal visual releasing stimuli in intersexual communication and flower-visiting behavior: A review," European Journal of Entomology, 113, 2016

Kuhn, T. S. (1962): The Structure of Scientific Revolution, University of Chicago Press

Kurenkov, Andrey (2016): 'A 'Brief' History of Game AI up to AlphaGo'

Kurzweil, Ray (2005): The Singularity Is Near: When Humans Transcend Biology, Penguin Books

Lahtinen, Maria et al. (2021): "Excess protein enabled dog domestication during severe Ice Age winters", Scientific Reports 11

Lakoff, George and Núñez, Rafael E. (2000): Where Mathematics Comes From: How the Embodied Mind Brings Mathematics into Being, Basic Books

Lampe, Michelle et al. (2017): 'The Effects of Domestication Ontogeny on Cognition in Dogs and Wolves', Scientific Reports 7

Lee, Kai-Fu (2018): AI Superpowers: China, Silicon Valley, and the New World Order, Houghton Mifflin Harcourt

Lee, Sang-Hee with Yoon, Shin-Young (2015): Close Encounters with Human Kind: A Paleontologist Investigates Our Evolving Species, W. W. Norton & Company, Inc.

Lewin, Roger (1992, 1999): Complexity at the Edge of Chaos, The University of Chicago Press

Licklider, J. C. R, (1960: "Man-Computer Symbiosis", IRE Transactions on Human Factors in Electronics, volume HFE-1

Lomasky, Loren E. (1987): Persons, Rights, and the Moral Community, Oxford University Press

Lovelock, James (2000): Gaia: A New Look at Life on Earth, Oxford University Press

Luria, S. E. and Human, Mary L. (1952): "A Nonhereditary, Host-induced Variation of Bacterial Viruses", Journal of bacteriology 64

McClellan III, James E. and Dorn, Harold (1999): Science and Technology in
World History: An Introduction, The Johns Hopkins University Press

McLaughlin, Brian P. (2003): "Computationalism, Connectionism, and the
Philosophy of Mind", in The Blackwell Guide to the Philosophy of Computing
and Information, ed. L. Floridi, Blackwell

Margulis, Lynn (1998): Symbiotic Planet: A New Look at Evolution, Basic Books

Marcus, Gary and Davis, Ernest (2021): "Has AI found a new Foundation?",
Sept 11, 2021, 6The Gradient

Marr, D. (1977): "Artificial Intelligence – A Personal View", Artificial Intelligence
9 (1977)

Mayr, Ernst (1963): Animal Species and Evolution, The Belknap Press
(2001): What Evolution Is, Basic Books

Maynard Smith, John and Szathmáry, Eörs (1999): The Origins of Life: From
the Birth Of Life to the Origins of language, Oxford University Press

Mayor, Adrienne (2018): Gods and Robots: Myths, Machines, and Ancient
Dreams of Technology, Princeton University Press (2018)

Mehta, Satish K. et al. (2017): "Latent virus reactivation in astronauts on the
international space station", npj microgravity 3

Meyer, Rachel S., DuVal, Ashley E., and Jensen, Helen R. (2012): "Patterns
and processes in crop domestication: an historical review and quantitative
analysis of 203 food crops", New Phytologist, Volume 196

Michener, Charles D. (1974): The Social Behavior of the Bees, The Belknap
Press

Michod, Richard E. (1999): Darwinian Dynamics: Evolutionary Transitions in
Fitness and Individuality, Princeton University Press

Miklósi, Ádám and Topál, József (2013): "What does it take to become 'best
friends'? Evolutionary Changes in canine social competence", Trends in
Cognitive Sciences, 17

Milbury, C. et al. (2012): "The history of Mars' dynamo as revealed by modeling
magnetic anomalies near Tyrrhenus Mons and Syrtis Major", Journal of
Geophysical Research: Planets, Volume 117, Issue E10

Mises, Ludwig von (1919): Nation, State, and Economy (2000)

(1920): "Economic Calculation in the Socialist Commonwealth"

(1927): Liberalism, translated by Ralph Raico, The Foundation for Economic Education, Inc. (1985)

Mitchell, Melanie (2019): Artificial Intelligence: A Guide for Thinking Humans, Picador

Moravec, Hans (1988): Mind Children: The Future of Robot and Human Intelligence, Harvard University Press

(1999): Robot: Mere Machine to Transcendent Mind, Oxford University Press

Moya, Andres and Font, Enrique, ed. (2004): Evolution from Molecules to Ecosystems, Oxford University Press

Nambiar, Krishnar P; Stackhouse, Joseph; Staufer, Dora M.; Kennedy, W. Poindexter; Eldredge, J. K.; and benner, Steven A. (1984): "Total Synthesis and Cloning of a Gene Coding for the Ribonuclease S Protein," Science, 23 March 1984, Volume 223

Nation, J. B. (2003): "How Aliens Do Math"

Navlakha, Saket and Bar-Joseph, Ziv (2011): "Algorithms in Nature: The Convergence of Systems Biology and Computational Thinking," Molecular Systems Biology 7

Needham, Joseph (1969): The Grand Titration: Science and Society in East and West, George Allen & Unwin Ltd

Nelson, Richard R. and Winter Sidney G. (1982): An Evolutionary Theory of Economic Change, The Belknap Press

Nesse, Randolphe M., ed. (2001): Evolution and the Capacity for Commitment, Russel Sage Foundation

O'Loughlin, Ian and Mccallum, Kate (2018): "The aesthetics of theory selection and the logics of art," Philosophy of Science 86(2)

Orland, Kyle (2021): "So What is 'the metaverse,' exactly", Ars Techncica

Paracer, Surindar and Ahmadjian, Vernon (2000): Symbiosis, Oxford University Press, Inc.

Parihar, Vipan K. et al. (2016): "Cosmic radiation exposure and persistent cognitive dysfunction", Scientific Reports,

Penrose, Roger (1989): The Emperor's New Mind: concerning Computers, Minds, and The Law of Physics, Oxford University Press

Pinker, Steven (1994): The Language Instinct: How the Mind Creates Language, HarperCollins (2000)

(2002): The Blank Slate: The Modern Denial of Human Nature, Penguin Books

Pipes, Richard (1999): Property and Freedom, Vintage Books

(2003): Vixi, Yale University Press

Plotkin, Henry C. (1993): Darwin Machines and the Nature of Knowledge, Harvard University Press

Pumperla, Max and Ferguson, Revin (2019): Deep Learning and the Game of Go, Manning

Qin, Junjie et al. (2010): "A human gut microbial gene catalog established by metagenomic sequencing", Nature, March 2010

Rees, D. and Rose, S. (2004): The New Brain Sciences: Perils and Prospects, Cambridge University Press

Reich, Peter A. (1986): Language Development, Prentice-Hall

Richerson, Peter J. and Boyd, Robert (2000): "Evolution: The Darwinian Theory of Social Change, An Homage to Donald T. Campbell"

Ridley, Matt (1993): The Red Queen: Sex and the Evolution of Human Nature, Penguin Books

(1996): The Origins of Virtue: Human Instincts and the Evolution of Cooperation, Penguin Books

(1999): Genome: The Autobiography of a Species in 23 Chapters, HarperCollins

(2003): Nature via Nurture: Genes, Experience, and What Makes Us Human, HarperCollins

(2010): The Rational Optimist: How Prosperity Evolves, HarperCollins

Rindos, David (1980): 'Symbiosis, Instability, and the Origins and Spread of

Agriculture: A New Model', Current Anthropology Vol. 21, No 6, December 1980

Roberts, Alice (2017): Tamed: Ten Species That Changed Our World, Windmill Books

Roberts, Donna R. et al. (2017): "Effects of Spaceflight on Astronaut Brain Structure as Indicated on MRI", The New England Journal of Medicine, November 2, 2017

Robinson, Joan (1962): Economic Philosophy, Pelican Books

Rose, Michael R. and Oakley, Todd (2007): "The New Biology: Beyond the Modern Synthesis", Biology Direct

Rosenberg, Karen and Wenda Trevathan (1996): "Bipedalism and Human Birth: The Obstetrical Dilemma Revisited", Evolutionary Anthropology 4, No. 5

Rosenblatt, Frank (1961): "Principles of Neurodynamics: Perceptrons and the Theory of Brain Mechanisms", Cornell Aeronautical Laboratory, Inc., Cornell University

Rubiera, Carlos Outeiral (2020): "CASP14: what Google DeepMind's AlphaFold 2 really achieved, and what it means for protein folding, biology and bioinformatics"

Russell, Bertrand (1907): "The Study of Mathematics", New Quarterly, November, 1907

Russell, Stuart J. and Norvig, Peter (2016): Artificial Intelligence: A Modern Approach, Pearson

Sagan, Carl (1961): "The Planet Venus", Science, March 1962, Volume 133
(1977): The Dragons of Eden: Speculations on the Evolution of Human Intelligence, Random House

Sagan, Dorion (2011): Lynn Margulis: The Life and Legacy of a Scientific Rebel, Sciencewriters Books

Samuelson, Paul A. (1969): "The Way of an Economist", International Economic Relations: Proceedings of the Third Congress of the International Economic Association, Macmillan

Samuelson, Paul A. and Nordhaus, William D. (2001): Economics, McGraw-Hill

Sánchez-Villagra; Marcelo R., Geiger; Madeleine, and Schneider, Richard A. (2016): "The taming of the neural crest: a developmental perspective on tho origins of morphological covariation in domesticated mammals, Royal Society Open Science

Schelling, Thomas C. (1960): The Strategy of Conflict, Harvard University

Schrödinger, Erwin (1944): What is Life?, Cambridge University Press (1967)

Schwab, Klaus (2016): The Fourth Industrial Revolution, Crown Business

Schwartz, Pedro (2017): 'The Fear of Robots', Library of Economics and Liberty

Scovel, Thomas (1998): Psycholinguistics, Oxford University Press

Searle, John R.(1980): "Minds, brains, and programs", The Behavioral and Brain Sciences, 1980. Vol 3

Seebach, Peter (2005): "The cranky user: Baby duck syndrome", IBM developerWorks

Sejnowski, Terrence J. (2018): The Deep Learning Revolution, The MIT Press (2018)

Semyonov, Oleg G.: "Radiation Hazard of Relativistic Interstellar Flight"

Shaffer, Jerome A. (1968): Philosophy of Mind, Prentice-Hall, Inc.

Shahbazi, Marta N. et al. (2016): "Self-organization of the human embryo in the absence of maternal tissues", Nature Cell Biology 18, 700-708

Shannon, Claude E. (1948): "A Mathematical Theory of Communication", The Bell System Technical Journal, vol. 27, July and October, 1847

Shermer, Michael (2008): The Mind of the Market: Compassionate Apes, Competitive Humans, and Other Tales from Evolutionary Economics, Henry Holt and Company

Sigmund, Karl (2017): Exact Thinking in Demented Times: The Vienna Circle and the Epic Quest for the Foundations of Science, Basic Books

Silver, David et al. (2017): "Mastering the Game of Go without Human Knowledge", Nature 550

Simon, Herbert A. (1967): "Motivational and Emotional Controls of Cognition",

Psychological Review, vol. 74

(1969, 1996): The Science of the Artificial, The MIT Press

Singh, Simon (1999): The Code Book: The Science of Secrecy from Ancient Egypt to Quantum Cryptography, Anchor Books

Skyrms, Brian (1996): Evolution of the Social Contract, Cambridge University Press

Smith, Adam (1759): The Theory of Moral Sentiments

(1776): An Inquiry into the Nature and Causes of the Wealth of Nations

Smith, David E. (1958): History of Mathematics, Dover Books

Sockol, Michael D. et al. (2007): "Chimpanzee locomotor energetics and the origin of human bipedalism", PNAS July 23, 2007

Spagnoletti, Paolo et al. (2015): "A Design Theory for Digital Platforms Supporting Online Communities: A Multiple Case Study", Journal of Information Technology, 2015

Strogatz, Steven (2002): Sync: how order emerges from chaos in the universe, nature, and daily life, Hyperion

Sutton, Richard S. and Barto, Andrew G. (2018): Reinforcement Learning, The MIT Press

Tan, Pang-Ning et al. (2014): Introduction to Data Mining, Pearson Education Limited

Tegmark, Max (2017): Life 3.0: Being Human in the Age of Artificial Intelligence, Penguin Books

Teitelman, Warren (1966): "PILOT: A Step Toward Man-Computer Symbiosis"

Toffler, Alvin (1970): Future Shock, Random House

Trivers, Robert (1972): "Parental investment and sexual selection", Campbell, B. G. (ed.) Sexual Selection and the Descent of Man,

(1985): Social Evolution, The Benjamin/Cummings Publishing Company, Inc.

Trut, Lyudmila N. (1999): "Early Canid Domestication: The Farm-Fox Experiment", American Scientist, volume 87

Trut, Lyudmila N. and Oskina, Irina and Kharlamova, Anastasiya (2009): Animal

Evolution during Domestication: the Domesticated Fox as a Model", HHS Public Access

Tullock, Gordon (1994): The Economics of Non-human Societies, Pallas Press

Turing, Alan M (1937): "On Computable Numbers, with an Application to the Entscheidungsproblem",

(1948): "Intelligent Machinery"

(1950): "Computing Machinery and Intelligence", Mind, vol.LIX

(1952): "The Chemical Basis of Morphogenesis", Philosophical Transactions of the Royal Society of London

Ulam, Stanisław (1958): "John von Neumann (1903-1957)", Bulletin of the American Mathematical Society

Vargas-Parada, Laura (2010): "Mitochondria and the Immune Response," Nature Education, 3(9):15

Vedral, Vlatko (2010): Decoding Reality: The Universe as Quantum Information, Oxford University Press

Venetz, Jonathan; Del Medico, luca; Wölfle Alexander; Schächle, Philipp; Bucher, Yves; Appert, Donat; Tschan, Flavia; Flores-Tinoco, Carlos E., van Koosten, Mariëlle; Guennoun, Rym; Deutsch, Samuel, Christen, Matthias; and Christen, Beat (2019): "Chemical synthesis rewriting of a bacterial genome to achieve design flexibility and biological functionality," Proceedings of the National Academy of Sciences, 116(16)

Vidal, Jacques J. (1973): "Toward Direct Brain-computer Communication," Annual Review of Biophysics and Bioengineering

Vinge, Vernor (1993): "The Coming Technological Singularity: How to Survive in the Post-Human Era"

Wald, George (1970): "The Origin of Death"

Wang, Dayong, Khosla, Aditya, Gargeya, Rishab, and Irshad, Humayun (2016): "Deep Learning for Identifying Metastatic breast Cancer,

Webb, Amy (2019): The Big Nine: How the Tech Titans and Their Thinking Machines Could Warp Humanity, PublicAffairs

Wegner, David M. (2002): The Illusion of Conscious Will, The MIT Press

Wells, James, and Varel Vincent (2012): 'Symbiosis of Plants, Animals, and Microbes', in Animal Welfare in Animal Agriculture: Husbandry, Stewardship and Sustainability in Animal Production, (ed. Pond, W. G., Bazer, F. W.), CRS Press

Weinberg, Steven (1992): Dreams of a Final Theory, Pantheon Books

Weissenbach, Jean (2016): "The Rise of Genomics", Comptes Rendus Biologies vol 339

West-Eberhard, Mary Jane (2003): Developmental Plasticity and Evolution, Oxford University Press

Whiteside, Matthew D. et al. (2019): "Mycorrhizal Fungi Respond to Resources Inequality by Moving Phosphorus from Rich to Poor Patches across Networks"

Wigner, Eugene (1960): "The Unreasonable Effectiveness of Mathematics in the Natural Sciences", Communications in Pure and Applied Mathematics", Volume 13, Number 1

Wilkins, Adam S., Wrangham Richard W. and Fitch W. Tecumseh (2014): "The 'Domestication Syndrome' in Mammals: A Unified Explanation Based on Neural Crest Cell Behavior and Genetics", Genetics volume 197

Wilkins, Neil (2019): Artificial Intelligence

Williams, George C. (1966): Adaptation and Natural Selection: A Critique of Some Current Evolutionary Thought, Princeton University Press

Wilson, Edward O. (1971): The Insect Societies, The Belknap Press
(1998): Consilience: The Unity of Knowledge, Vintage Books (1999)
(2017): The Origins of Creativity, Allen Lane

Wilson, J. W. et al. (2007): "Space flight alters bacterial gene expression and virulence and reveals a role for global regulator Hfq", PNAS, October 9, 2007

Wrangham, Richard (2019): "Hypotheses for the Evolution of Reduced Reactive Aggression in the Context of Human Self-Domestication", Frontiers in Psychology
(2019): The Goodness Paradox: How Evolution Made Us Both More and

Less Violent, Profile Books Ltd

Wright, Robert (1994): The Moral Animal, Vintage Books (1995)

(2000): Non-zero: The Logic of Human Destiny, Vintage Books

Yamaguchi, Yoshifumi and Masayuki Miura (2015): "Programmed Cell Death in Neurodevelopment", Development Cell, Volume 32 Issue 4, February 23, 2015

Yarosh, Daniel B. (2019): "Perception and Deception", Behavioral Sciences

Yong, Ed (2016): I Contain Multitudes: The Microbes within Us and a Grander View of Life, HarperCollins Publishers

Younge, Noelle et al. (2019): "Fetal exposure to the maternal microbiota in humans and mice", JCI Insight

Zakaria, Fareed (2008): The Post-American World, W. W. Norton & Company

Zea, Luis et al. (2017): "Phenotypic Changes Exhibited by E. coli Cultured in Space"

Zeder, Melinda A. (2006): "Central Questions on the Domestication of Plants and Animals", Evolutionary Anthropology 15 (2012): "The Domestication of Animals", Journal of Anthropological Research, Vol. 68

Zimmer, Carl (2015): A Planet of Viruses (second edition), The University of Chicago Press.

제4차 공생 - 초지능 시대의 인류
ⓒ 복거일, 2025

1판 1쇄 인쇄   2024년 12월 20일
1판 1쇄 발행   2025년 1월 2일

지은이   복거일
펴낸이   이재유
디자인   오필민디자인
펴낸곳   무블출판사
출판등록   제2020-000047호 (2020년 2월 20일)
주소   서울시 강남구 언주로 647, 402호 (우 06105)
전화   02-514-0301
팩스   02-6499-8301
이메일   0301@hanmail.net
홈페이지   mobl.kr

ISBN   979-11-91433-68-5   (03900)